交通基础设施运营安全风险管理理论与应用

陆 键 蔡晓男 王 可 陈圣迪 蒋愚明 著

科 学 出 版 社

北 京

内 容 简 介

本书以目前我国交通运输领域中(公路、铁路、水路等)基础设施安全风险和应急管理的突出问题及重点需求为导向，系统地阐述交通基础设施安全风险和应急管理的基础理论、分析和评价方法、实践和应用等多方面的内容，目的在于厘清我国交通基础设施安全风险和应急管理的发展思路，为交通基础设施安全风险和应急管理工作提供理论与技术支撑，以适应我国交通运输的高速发展对安全性的要求。本书是作者所在课题组十余年来所承担的多项国家和地方科研项目中，关于交通基础设施安全风险和应急管理研究工作的成果凝结。希望本书的出版对我国交通安全管理方面的教学、科研与实践等工作有所裨益。

本书可供高等院校交通安全相关专业的师生及交通部门高级管理人员参考使用。

图书在版编目（CIP）数据

交通基础设施运营安全风险管理理论与应用/陆键等著. —北京：科学出版社，2020.9

ISBN 978-7-03-064269-1

Ⅰ. ①交… Ⅱ. ①陆… Ⅲ. ①交通设施–交通运输安全–风险管理–研究 Ⅳ. ①U491.5

中国版本图书馆 CIP 数据核字（2020）第 017678 号

责任编辑：朱英彪 周 炜 罗 娟 / 责任校对：王萌萌
责任印制：吴兆东 / 封面设计：陈 敬

科学出版社出版
北京东黄城根北街 16 号
邮政编码：100717
http://www.sciencep.com
北京厚诚则铭印刷科技有限公司印刷
科学出版社发行 各地新华书店经销
*
2020 年 9 月第 一 版 开本：720 × 1000 1/16
2025 年 1 月第三次印刷 印张：11 1/4
字数：226 000

定价：98.00 元

（如有印装质量问题，我社负责调换）

前　言

交通犹如现代社会的“血管”，交通的通畅、安全运行是保证社会正常发展的关键。近年来，随着社会经济的高速发展、汽车保有量的不断增加以及交通系统的日趋复杂，我国交通安全状况不容乐观，交通安全问题逐渐成为众多城市尤其是大城市的“心腹之患”，对社会发展和人民生命财产安全造成一定的威胁。

过去关于交通安全的管理方法和改善思路主要围绕交通事故展开，以减少事故为目标，常用的方法是道路和环境的改善、控制设施和系统的优化、突发事件的应急救援等。近几年来，风险管理理念已逐步引入交通安全管理与运营领域，它是一种以风险或风险源为对象的常态管理，其目的是以最小成本最大限度地控制、分散、转移、规避风险，达到最大的安全效果。与传统的交通安全管理相比，风险管理将关注的重点从孤立的安全管理方法和措施转移到交通安全风险水平评估及风险控制措施上来；将分散、单项的事件处理方式转变为系统、综合的管理体系，实现超前、动态、预期型的交通运营安全管理模式。因此，风险管理是一种更积极、更主动的管理策略，具有基础性和超前性的特征，是防范和消除各类交通事故发生的根本。

风险管理有三个因素：隐患、风险和事故。隐患形成风险，风险通过环境的变化以各种各样的方式催生，最后风险累积和爆发就形成了事故。因此，风险管理的重要一环是：把隐患找出来，控制住隐患，把风险降低，事故发生以后就是事故救援的问题。风险管理涉及风险前、风险中和风险后的各个环节，是一个系统的管理过程，包括四个要素。

(1) 风险识别：对风险源、事件及其原因和潜在后果进行识别。

(2) 风险分析：理解风险特性，确定风险等级。

(3) 风险评价：将风险分析的结果与风险准则相比较，以决定风险和/或其大小是否可接受或可容忍。

(4) 风险应对：对组织风险提出应对措施，降低威胁。

本书旨在探究面向全过程的交通基础设施运营安全风险管理方法，从风险管理的基本理论与方法、交通运营安全风险特性、不同交通领域风险管理实践三个方面进行详细阐述，从理论上论述交通基础设施运营安全风险管理的方法论，为交通基础设施运营安全风险管理提供科学的理论依据和支持。同时，本书还注重风险管理理论的应用和实践，介绍其在不同交通领域的应用案例，将理论与实践相结合，为交通管理单位提供具有实用性的风险管理方案。

本书共 11 章。第 1 章介绍交通运营安全的风险问题。第 2 章～第 7 章为理论篇。第 2 章为风险概述，主要内容为风险的由来、概念与基本特征。第 3 章为风险管理概述，主要内容为风险管理的概念、基本特性、逻辑框架与基本理论。第 4 章～第 7 章详细介绍风险管理中的四个要素，即风险识别、风险分析、风险评价与风险应对的概念和主要内容。第 8 章～第 11 章为应用篇，将风险管理的理论知识实践于各类交通领域的安全运营。第 8 章为高速公路长大桥安全运营风险管理研究，主要针对苏通大桥复杂多变的自然气候，运用风险管理的方法与过程，研究灾害天气对大桥交通运营安全的影响，并提出相应的防治措施及对策。第 9 章为邮轮航道安全运营风险管理研究，主要分析长江、黄浦江水道的安全现况，提出邮轮在黄浦江航道通航的安全管理办法和安全改善对策。第 10 章为城市轨道交通安全运营风险管理研究，主要内容为上海市城市轨道交通安全运营的风险识别、风险分析、风险评价与风险应对。第 11 章为上海市交通安全应急中心建设方案。

本书的出版得到“十三五”国家重点研发计划课题“道路交通安全主动防控技术与系统集成”(2017YFC0803902)的支持，作者在此深表谢意。希望本书的出版能为我国交通运营安全风险管理水平的提升提供理论和技术支持。向本书中参考和引用的研究成果的作者表示深切的谢意。

由于作者水平有限，书中难免存在不足之处，希望广大读者批评指正。

陆　键

2020 年 3 月

目　　录

理　论　篇

应　用　篇

第 1 章　交通运营安全的风险问题

1.1　研究对象及研究范围界定

在说明本书的研究对象和研究范围之前，需解释以下几个关键名词。

首先，什么是交通？交通是指各种运输和邮电事业的总称[1]。其中，运输是人和物借助交通工具载运而产生的有目的的空间位移，具体包括公路、铁路、水路、航空、管道五种方式；而邮电包括邮政和电信两方面。

其次，什么是交通安全？交通安全是指交通参与者在交通出行时遵守相关交通法规、避免发生人身伤亡或财产损失的全过程[1]。交通事故是指交通工具在运行过程中因人为过错或突发意外造成人身伤亡或财产损失的事件。换言之，交通安全即避免发生交通事故的全过程。

最后，什么是交通运营安全？目前，关于交通运营安全还没有一个权威的、系统的学术概念。现实中这一名词常常与具体的交通基础设施搭配使用，如轨道交通运营安全[2]、道路交通运营安全[3]、高速公路交通运营安全[4]等。研究发现，当使用名词“交通运营安全”时，有必要突出交通运营的主体或组织。例如，高速公路管理局负责高速公路的安全运营，交通运输委员会安全监管处负责交通行业的安全运营等。至此，定义交通运营安全的一般概念，它是指某一运营主体或组织在其管辖区域内对所属交通基础设施进行安全监管，避免发生人身伤亡或财产损失的全过程。

基于上述名词的科学解释,依托课题组近年来承担的国家及省部级研究项目，确定本书的研究对象及研究范围。本书旨在采用风险管理的理论与方法，探讨解决关键交通基础设施安全运营问题的可能性与适用性。具体来讲，即以公路(高速公路、普通公路、城市道路等)、铁路(铁路线路、场站枢纽等)、水路(港口、码头、航道等)三种运输方式为研究对象，利用风险管理的过程与思路，研究如何避免交通事故的发生以保障交通运营的安全、有序、高效。需要注意的是，交通基础设施本身的老化毁损以及外力作用下的结构破坏等情形并不在本书的讨论范围内。

1.2　面临的问题与挑战

随着我国经济社会的快速发展，交通基础设施建设不断加快，居民的出行频次与货物的流通强度稳定增长，对整个交通运输行业的有序发展和安全运营提出了更高的要求和挑战。

1.2.1 公路方面

截至 2014 年底，我国公路总里程约为 446.4 万 km，公路网密度约为 46.5km/100km^2，较 2013 年同一时期分别增加 10.8 万 km 和 1.1km/100km^2 (图 1-1)[5]。其中，高速公路总里程约为 11.2 万 km，同比增加 0.8 万 km。2014 年全国公路完成货物运输量约 334.3 亿 t，货物周转量约 61139.1 亿 t · km，同比增长 8.7%和 9.7%；完成旅客运输量约 190.5 亿人次，旅客周转量约为 11981.7 亿人 · km，同比增长 2.8%和 6.5%[6]。

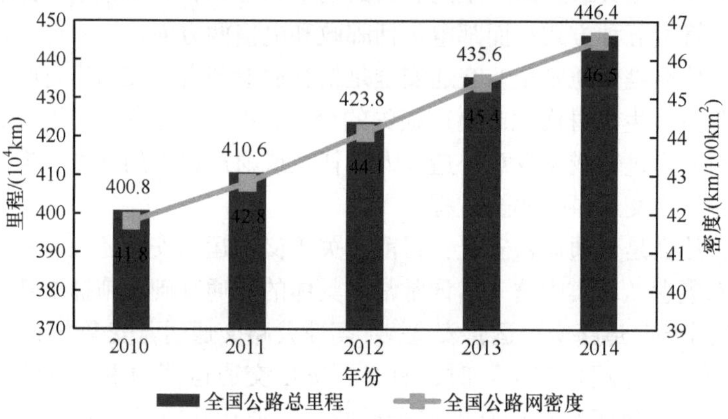

图 1-1 2010～2014 年全国公路总里程及公路网密度

2014 年全国共发生道路交通事故 196812 起，事故造成 58523 人死亡，同比下降 0.8%和 0.03%[7]。按照生产安全的事故等级标准，在上述事故中，较大事故共计 802 起，死亡 2987 人；重大事故共计 11 起，死亡 137 人；特别重大事故共计 2 起，死亡 98 人。因此，尽管我国道路交通安全形势总体平稳，伤亡事故略有下降，但仍存在一些交通安全隐患，给社会稳定和人民生活带来严重的负面影响。例如：

(1) 坠车事故人员伤亡比例高。车辆坠入路侧深沟或山谷等事故破坏力强，加之车辆坠落多发生在位置偏远、地形复杂路段，事故救援难度大，易加重事故后果，导致群死群伤。2014 年坠车事故平均单起事故死亡 11.1 人，远高于较大以上等级道路运输事故单起死亡 4.8 人的平均值。

(2) 西南山区部分省份事故较为集中。受地理条件和经济发展水平制约，西南山区道路通行条件复杂，安全基础薄弱，多年来虽持续加强安全保障工作，事故集中多发的局面仍未得到改变。2014 年西南四省区(包括广西、四川、贵州、云南)事故起数和死亡人数，分别占全国总量的 38.3%和 31.3%。

(3) 旅游包车事故呈上升态势。目前旅游客运需求旺盛，但部分旅游景点道路通行条件复杂，个别旅游通道基础设施相对滞后，道路等级偏低、安全保障能力不足等问题较为突出，加之旅游客运车辆无固定运行线路且异地运行比例高，驾驶员往往不熟悉路况，导致旅游客运事故呈显著上升态势。

(4) 货车载重量大但车辆性能普遍较低，安全管理薄弱。货车占机动车保有量不到 8%，但造成的事故死亡人数约占 30%。由于货车安全标准空白多，如牵引车与挂车制动不匹配，翻车事故多；厢式货车发展缓慢，栏板货车占 50%，非法改装普遍，超载导致制动失效引发的重特大事故多发。

1.2.2　铁路方面

截至 2014 年底，全国铁路营运总里程约为 11.2 万 km，铁路网密度约为 116.5km/km^2，较 2013 年同一时期分别增加 0.9 万 km 和 9.0 km/km^2(图 1-2)[5]。其中，高铁营运总里程约为 1.6 万 km，西部地区营运总里程约为 4.4 万 km。2014 年全国铁路完成货物运输量约 38.1 亿 t，货物周转量约 27530.2 亿 t · km，同比下降 3.9%和 5.6%；完成旅客运输量约 23.6 亿人次，旅客周转量约 11604.8 亿人 ·km，同比增长 11.9%和 9.5%[6]。

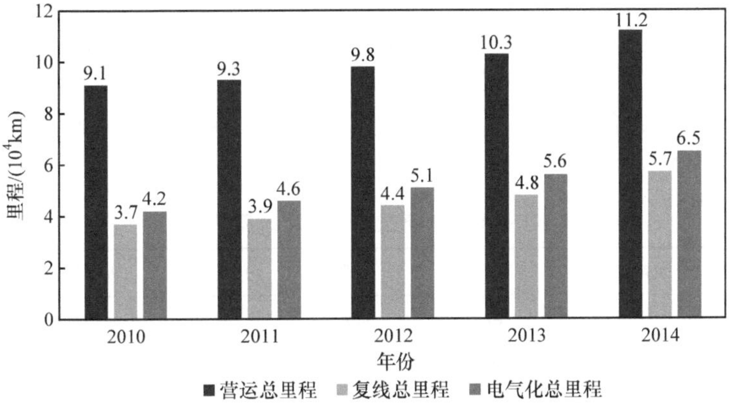

图 1-2　2010～2014 年全国铁路营运里程

2014 年全国铁路事故共造成 1232 人死亡，同比减少 104 人，下降 7.8%，10 亿 t · km 死亡率约为 0.3148，同比下降 9.4%[8]。全年未发生铁路交通特别重大、重大事故；发生较大事故 6 起，同比减少 2 起，下降 25%，并且国家铁路未发生责任较大事故。尽管铁路交通安全的整体形势有所好转，但仍存在一些安全隐患需要重点关注与整治。例如：

(1) 水害防洪方面。2014 年水害原因造成山体滑坡、泥石流上道，发生铁路交通较大事故3起，其中旅客列车脱轨事故1起。

(2) 铁路沿线环境方面。2014年因机动车抢越道口、行人非法上道和治安原因造成铁路交通较大事故3起。行人非法上道是铁路交通事故造成人员伤亡的主要原因，机动车抢越铁路道口或撞坏防护设施侵入铁路线路、铁路安全保护区内私搭乱建、燃气管道非法穿越铁路、上跨铁路的公路桥坠物等问题时有发生，影响铁路运输安全。

(3) 营业线施工方面。施工单位，尤其是路外企业单位，临近营业线无计划擅自施工、施工人员和机具侵入限界、现场作业控制措施落实不到位等问题，干扰行车安全。

(4) 主要行车设备方面。机车车辆、线路接触网等故障时有发生，主要行车设备的设计、制造、验收、养护维修、质检等环节需进一步加强。

1.2.3 水路方面

截至2014年底，全国内河航道通航总里程约为12.6万km，较去年同一时期增加427km。其中，各等级内河航道通航里程分别为：一级航道1341km，二级航道3443km，三级航道6069km，四级航道9301km，五级航道8298km，六级航道18997km，七级航道17913km，等外航道60900km[5]。同期，全国港口拥有万吨级及以上泊位2110个，见表1-1。由表可知，沿海港口万吨级及以上泊位1704个，增加97个；内河港口万吨级及以上泊位406个，增加12个[5]。2014年全国水路完成货物运输量约59.6亿t，货物周转量约91881.1亿t·km，同比增加6.4%和15.7%；完成旅客运输量约2.6亿人次，旅客周转量约74.4亿人·km，同比增加12.3%和8.9%[6]。

表1-1 2014年全国港口万吨级及以上泊位 (单位：个)

泊位吨级	全国港口	同比增加	沿海港口	同比增加	内河港口	同比增加
1万～3万t	755	19	586	19	169	—
3万～5万t	365	9	261	7	104	2
5万～10万t	684	36	558	26	126	10
10万t及以上	306	45	299	45	7	—
合计	2110	109	1704	97	406	12

2014年，全国共发生运输船舶水上交通事故260起，死亡失踪247人，沉船141艘，直接经济损失2.59亿元，同比分别下降0.6%、6.8%、0.7%和32.5%。全国各级海上搜救中心全年共组织、协调搜救行动2014次，出动、协调各类船艇

7477 艘次、飞机 297 架次；在我国搜救责任区遇险船舶 1842 艘，获救船舶 1484 艘，遇险人员 15926 名，成功搜救 15387 名，搜救成功率 96.6%[5]。尽管水上交通安全的整体形势略有好转，但仍存在一些安全隐患。例如：

(1) 地方企业运输船舶事故增多。部分地区航运企业安全意识淡薄、安全管理水平低等问题较为突出，加之航运市场持续低迷，企业资金压力较大，部分企业安全投入难以得到保障，事故隐患增多，导致地方企业运输船舶事故死亡人数呈上升态势。

(2) 船舶碰撞事故数量占比仍较大。随着沿海及内河航线的日益密集和水路运输需求持续保持高位，水路通航密度增大，通航环境日益复杂，碰撞事故风险增大。2014 年碰撞事故涉及船舶 1285 艘，占事故船舶总数的 71.5%，居运输船舶事故首位。

(3) 客货运输需求旺季事故上升。三季度正值夏季工业生产高峰和暑期旅游旺季，客货运输需求高峰重叠，加之我国大部分地区进入主汛期，恶劣天气多发，安全风险增大，运输船舶事故大幅上升。

(4) 客运船舶等级以下事故明显增多。个体或中小运输企业安全管理水平较低，安全风险增大，事故呈多发态势。2014 年 3000t 以下的中、小型运输船舶发生造成人员死亡失踪的事故件数和死亡失踪人数，分别占造成人员死亡失踪事故总量的 84.3%和 93.9%。

(5) 人为因素是最主要的事故因素。我国船员总体存在素质不高、高等级船员紧缺，特别是部分船员安全意识淡薄、安全技能不足等问题，导致人为因素的运输船舶事故居高不下。2014 年涉及人为因素的事故 1452 起，占事故总量的 91.8%。其中，瞭望疏忽、船舶操作不当及未采取安全航速在人为因素中居前三位。

综上所述，以公路、铁路、水路三种主要运输方式为代表的交通基础设施在提供高效、便捷、方便的运输服务时，不可避免地带来交通事故、交通拥堵、交通污染等社会问题。因此，为保障城市交通运营安全，交通运输行业必须采用全新的管理方式和全面的管理过程以解决上述问题。

1.3　风险管理的必要性

1.3.1　风险管理的全过程

风险管理发展的一个主要标志是建立了风险管理的系统过程，从系统的角度来认识和理解风险，从系统过程的角度来管理风险。风险管理过程，一般由若干主要阶段组成，这些阶段不仅其间相互作用，而且与其他管理区域相互响应，每个风险管理阶段的完成都可能需要风险管理人员的努力。

对于风险管理过程的认识，不同的组织或个人是不一样的。美国系统工程研究所(System Engineering Institute, SEI)将风险管理过程分成若干环节，即风险识别、风险分析、风险跟踪、风险计划、风险控制和风险管理沟通，如图 1-3 所示[9]。

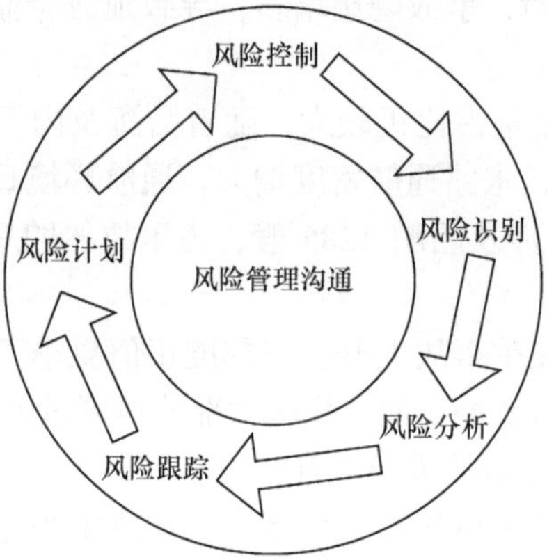

图 1-3 SEI 的风险管理过程框架

美国项目管理协会(Project Management Institute, PMI)制定的 *Project Management Body of Knowledge* (2000 版)中描述的风险管理过程为风险管理规划、风险识别、风险定性分析、风险量化分析、风险应对设计、风险监视和控制 6 个部分。美国国防部根据其管理实践，建立了相对科学的风险管理基本过程和体系结构，如图 1-4 所示[10]。

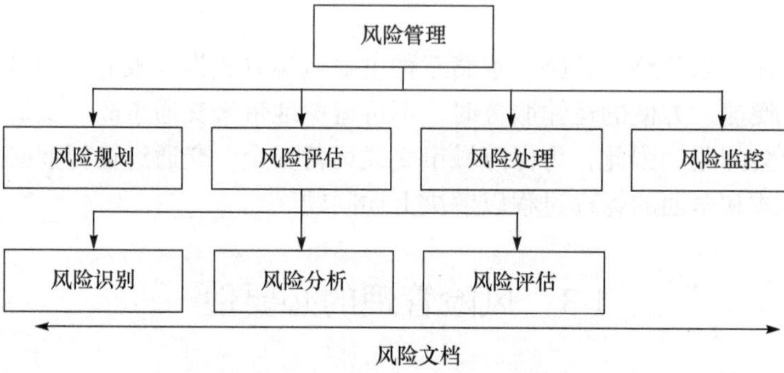

图 1-4 风险管理基本过程与体系结构

1.3.2 风险管理与应急管理的比较

风险管理是一种以风险或风险源为对象的常态管理，其目的是以最小成本最大限度地控制、分散、转移、规避风险，达到最大的安全效果。同时，风险管理涉及风险前、风险中和风险后的各个环节，是一个系统的管理过程，其主要内容包括建立环境、风险识别、风险分析、风险评价、风险应对、监测与评审、沟通与咨询等内容。

应急管理是一种以突发事件为对象的非常态管理，其目的是控制事态发展，使突发事件发生后的状态尽快恢复到损失前的状态(正常状态)，同时加强监控，防止突发公共事件扩大化或反复出现。应急管理涉及事前、事发、事中、事后全过程，包括预防准备、监测预警、应急处置、善后恢复等四个阶段。应急管理侧重的主要是应急处置阶段，即在突发事件发生后如何快速反应，重新组合资源并迅速采取行动，因而它强调时间第一的基本原则。综上所述，风险管理与应急管理之间的差异见表 1-2。

表 1-2　风险管理与应急管理的差异

比较内容	风险管理	应急管理
研究对象	风险或风险源	突发事件
管理模式	常态管理	非常态管理
管理目的	以最小成本最大限度地控制、分散、转移、规避风险，达到最大的安全效果	控制事态发展，尽快恢复到正常状态，同时加强监控，防止突发公共事件扩大化或反复出现
管理过程	风险前、风险中、风险后	事前、事发、事中、事后
主要内容	建立环境、风险识别、风险分析、风险评价、风险应对、监测与评审、咨询与沟通	预防准备、监测预警、应急处置、善后恢复

一般而言，风险或风险源可能演变成突发事件，风险管理的结果有两种：若成功则继续常态化风险管理，若失败则启动应急管理。风险管理是一种管理策略。风险管理通过主动预防、标本兼治，在更基础的层面推动和改善应急管理工作。应急管理是一种行动策略。应急管理侧重于风险发展演化为突发公共事件后如何快速有效地做出决策，重新组合资源并采取行动，这些决策和行动往往是在有限时间、有限信息和高度不确定性的压力之下做出的，很难保证资源配置的最优。而风险管理可看作应急管理工作的前移，这是一种更积极、更主动的管理策略，具有基础性和超前性的特征，是消除和防范各类事件发生的根本。

本书旨在探究面向全过程的风险管理方法，建立科学、规范、系统、动态的风险管理机制，制定有效的应急处置措施，切实做到预防与处置并重、评估与控制相结合，以便进一步从更基础的层面提升管理工作水平。

1.3.3 风险管理的重要性

随着科学技术和社会生产力的迅猛发展，交通运输的规模化、综合化、一体化突出了交通管理的复杂性和艰巨性。作为交通管理的重要一环，风险管理对保证交通行业健康发展具有重要的作用和意义。研究和推广交通领域的风险管理，其作用主要体现在以下几个方面[9]：

(1) 风险管理能够促进交通决策的科学化、合理化，降低决策的风险水平。风险管理利用科学、系统的方法，管理和处置各种交通运营风险，有利于减少或消除各种经济风险、事故风险、拥堵风险、政治风险等，这对交通行业的科学发展具有重大意义。

(2) 风险管理能够为交通发展提供安全的运营环境。风险管理为处置交通风险提供了各种风险应对措施，从而消除交通发展的后顾之忧，保证了交通行业稳定发展。

(3) 风险管理能够保障交通发展目标的顺利实现。风险管理的实施可以使交通运营过程中的风险损失降到最低限度,并能在损失发生后及时合理地提供补偿，从而促使交通行业增加收入和减少支出，并获取稳定的、不断增长的发展趋势，保障交通发展目标的实现。

(4) 风险管理能够促进交通行业经营效益的提高。风险管理是一种以最小成本最大限度地保障安全的管理方法，它将处置风险的各种费用合理分配，减少费用支出；同时风险管理的各种监督措施也要求各职能部门提高管理效率，减少风险损失，这促进了交通行业经营效益的提高。

交通运营安全风险是指影响交通运营安全目标实现的所有不确定因素的集合。交通运营安全风险管理是在交通运营过程中识别、分析、评价各种风险因素，并采取必要对策消除或有效控制可能引起不希望变化的潜在领域和事件。交通运营安全风险管理的目的是把有利事件的积极结果尽量放大，而把不利事件的后果降到最低限度。

目前，风险管理已经成为交通运营安全管理的有机组成部分。通过风险管理，职能部门和运营主体能够快速有效地确定交通运营过程中的关键风险因素，保证安全目标的顺利进行，最终使整个交通运输行业的总目标能够可靠、高效、最佳地实现。

1.4 本章小结

本章首先界定了本书的研究范围，即以公路、铁路、水路三种运输方式为研究对象，利用风险管理的过程与思路，研究如何避免交通事故的发生以保障交通运营的安全、有序和高效。其次，交通基础设施建设的迅猛发展，居民出行需求和货物流通强度的快速释放，不可避免地带来交通事故等社会问题。而风险管理作为一种全新的管理方式和管理过程，是解决上述问题的有效方法和手段，其目的是以最小成本最大限度地控制、分散、转移和规避风险，达到最大的安全效果。

参 考 文 献

[1] 裴玉龙. 道路交通安全[M]. 北京: 人民交通出版社, 2007.
[2] 耿幸福, 宁斌. 城市轨道交通运营安全[M]. 北京: 人民交通出版社, 2010.
[3] 孙璐. 道路交通运营安全与管理[M]. 北京: 科学出版社, 2014.
[4] 李易峰. 高速公路交通运营安全与应急管理[D]. 南京: 东南大学, 2012.
[5] 综合规划司. 2014 年交通运输行业发展统计公报[R]. 北京: 交通运输部, 2015.
[6] 国家统计局. 2014 年国民经济和社会发展统计公报[R]. 北京: 国家统计局, 2015.
[7] 公安部交通管理局. 中华人民共和国道路交通事故统计年报(2014 年度)[R]. 无锡: 公安部交通管理科学研究所, 2015.
[8] 国家铁路局. 铁路安全情况公告(2014 年度)[R]. 北京: 国家铁路局, 2015.
[9] 沈建明. 项目风险管理[M]. 2 版. 北京：机械工业出版社, 2010.
[10] Pinto J K. Project Management: Achieving Competitive Advantage[M]. 2nd ed. 北京：机械工业出版社, 2007.

理　论　篇

第 2 章 风 险 概 述

本章以风险术语的最新定义为基础，对风险的由来、概念及内涵进行详细的论述，并对风险的两个关键词(后果与可能性)进行深入的阐释。在此基础上，给出风险的一般表示方法和判断组织是否存在风险的概念性判据，进而揭示风险所具有的基本特征，如风险的两重性、未来性、目标性等。

2.1 风险的由来

人类使用风险一词已有很长的历史。据 Flanagan 和 Norman[1]的考证，最早在意大利语中有单词“Risicare”，意思是胆敢、敢为，表达的是人类固有的冒险性。法语中“Risque”一词来源于意大利语“Risicare”，意思是航行于危崖间。英语中单词“risk”(翻译为风险)来源于法语的“Risque”，它是在 17 世纪中期才出现在英语中。在我国，二十四史的《明史》中有“漕舟失泊，屡遭风险”的用法，其意义与航行于危崖间基本一致。

我国大型辞书《汉语大词典》[2]对风险一词的解释是“可能发生的危险”，释义完全是负面的。笔者查阅了目前在我国较为流行、广泛使用的英语词典，其中对风险(risk)一词的解释无一例外，也全部是负面的。例如，《朗文当代英语辞典》[3]对风险的释义是“坏事、不愉快之事、危险之事发生的可能性”(the possibility that something bad, unpleasant, or dangerous may happen)；美国最畅销的《韦氏高阶英语词典》[4]对风险的释义是“坏事或不愉快的事(如伤害或损失)将会发生的可能性”(the possibility that something bad, unpleasant(such as an injury or loss) will happen)；《牛津英语大词典》[5]对风险的释义是“危险；暴露于损失、伤害或其他不利情况的可能性”(danger, exposure to the possibility of loss, injury, or other adverse circumstance)。综上所述，基本可以推论，在世界各国人们的生活语言中，风险一词是负面的，而非中性词汇，这与其来源“航行于危崖间”“冒险”等有直接关系。

通过对风险一词的使用历史进行简要追溯，可以概括以往风险概念存在的三个问题：

(1) 全负面性。这在有关风险一词的简要历史追溯中已明显看到。说到风险，就意味着可能的损失、伤害、威胁、灾难等。

(2) 脱离风险管理的主体。在日常生活中经常使用风险一词，但很少将其与风险管理相联系，这导致在风险的概念中缺少管理主体的内容。如在上述风险一词的有关释义中，均不涉及管理的主体，即风险是对谁而言的。

(3) 与不确定性相混淆。应该注意到，在以上关于风险一词的解释中，都含有可能性的意思(在英语表达中均使用了 possibility 一词，意为概率、可能)。这就是说，人们对风险有一个统一的认识，风险一定是指可能发生的事情，确定的事情不是风险。正是这种认识，导致风险与不确定性这两个概念相混淆，认为不确定性就是风险(在基本不影响理解的前提下，这里暂时使用可能性与不确定性这两个词。可能性与不确定性是风险管理领域中的两个重要术语，本书下文会给出它们的定义与解释)。

因为存在对风险概念认识的三个问题，所以给风险管理带来了如下问题：

(1) 管理的被动性。风险概念的全负面性给风险管理带来的必然结果就是管理的被动性。将风险诠释为伤害、损失、威胁、灾难等，风险管理就不可能是主动的。

(2) 风险的客观性。在人们的认识中，不确定性是客观的，易将风险与不确定性相混淆，故认为风险也是客观的。风险既然是客观的，就很难对风险实施主观的管理，有人甚至认为风险是不可管的、不可测的(他们将《量子力学》中的测不准原理与不确定性相提并论)，这严重影响和制约了风险管理的发展。

(3) 管理的主体不明确。由于以往的风险概念中不含有风险管理主体的内容，人们认识风险、看待风险都很少从管理主体出发，这严重影响了风险管理主体的有效性。是否存在风险，是谁的风险，由谁来管理风险，诸如此类的问题显然是实施风险管理的重大问题，不可忽视。

2.2　风险的概念

2.2.1　风险的定义

早期国外学者对风险的概念进行了大量探索性研究，主要观点如下。

1895 年，Haynes 发表论文“Risk as an economic factor”，首次将风险的概念引入经济学研究中，他认为风险是损失的概率，并且在分配理论中把风险当作获取利润的本质原因[6]。

1901 年，Willett 出版专著 *The Economic Theory of Risk and Insurance*，第一次给出了风险比较精确的定义，他认为风险是人们不愿看到的事件发生不确定性的客观体现。该定义明确了风险的两个重要特征：不确定性和客观存在性[7]。

1921 年，Knight 出版专著 *Risk, Uncertainty, and Profit*，首次解释风险与不确

定性之间的区别，即风险是可度量的不确定性，而不确定性是不可度量的风险[8]。

1964 年，Williams 和 Heins 出版专著 *Risk Management and Insurance*，将主观因素带到风险研究中，他们认为风险是客观存在的，但不确定性的程度却依赖主观判断，不同的人对同一风险的认识可能不同[9]。

1987 年，Cooper 和 Chapman 出版专著 *Risk Analysis for Large Projects: Models, Methods, and Cases*，他们将风险定义为：在从事某项特定活动的过程中，由于存在不确定性而产生经济或者财务损失、自然破坏或损伤的可能性[10]。

1992 年，Yates 和 Stone 创新性地提出风险三因素模型，他们认为风险是由潜在损失、损失大小以及潜在损失发生的不确定性组成的，该模型从本质上揭示风险的基本特征，构建了现代风险理论的基本概念框架[11]。

国际标准化组织(International Organization for Standardization，ISO)于 2009 年 11 月 13 日正式发布了《风险管理　术语》(GB/T 23694—2013/ISO Guide 73: 2009)。该标准共四章，对涉及风险管理领域的 50 个术语进行了定义阐述。其中，标准的第一章为“与风险有关的术语”，内容只含有一个术语，即风险，该定义是对风险这一古老概念最新认识和理解的总结和概括。

《风险管理　术语》(GB/T 23694—2013/ISO Guide 73: 2009)[12]对风险一词的定义为“不确定性对目标的影响”(注：本书除特别说明外，所用术语全部引自《风险管理　术语》(GB/T 23694—2013/ISO Guide 73: 2009))。新的风险术语定义对以往的风险概念进行了颠覆性的改造。图 2-1 是风险术语最新定义的图示，下文会给出相应的说明。

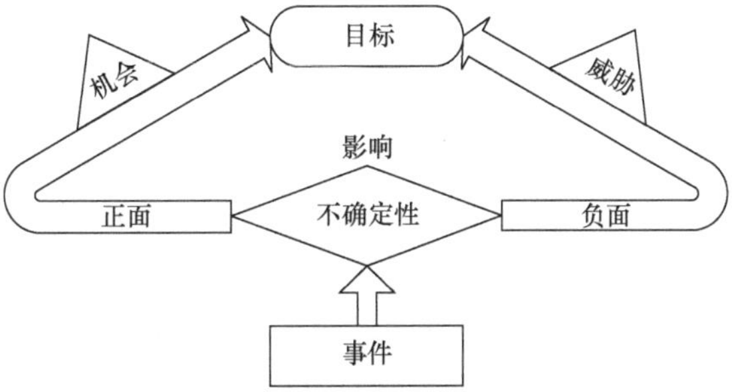

图 2-1　风险术语最新定义的图示

在风险术语的定义之后，给出了与该术语定义密切相关的五个注。

注 1：影响是指偏离预期，可以是正面的和/或负面的。

注 2：目标可以是不同方面和层面的目标。

注 3：风险常具有潜在事件、后果或者两者结合的特征。

注 4：通常用事件后果和事件发生可能性的结合来表示风险。

注 5：不确定性是指缺乏一个事件、其后果或者发生可能性的有关信息、了解或认识的完整状态或部分状态。

2.2.2 风险的解释

从风险术语的最新定义来看，有三个关键词：不确定性、影响、目标，这是构成风险概念的三个关键变量，这三个变量的大小及其相互关系决定了风险的大小。准确、全面掌握这三个变量的内涵是正确、全面、深入认识风险概念的基础。不确定性、影响、目标三个关键词的英文单词分别为 uncertainty、effect、objective。本书为了方便和简明，分别使用其首字母 *U*、*E*、*O* 来表示它们。以下通过风险术语中这三个关键词的讨论来进一步理解风险的概念。

1. 目标

风险术语的最新定义明确与“目标”相关联，这是本次对风险术语定义的最大亮点，也体现了风险管理领域中对定义风险这一术语的基本要求。对任何人或组织，一切有理性的活动都是有目标的。目标就是人们从事有理性活动的预期，希望达到或取得的结果、成效或收获。

目标是主观的，并且一定是人或组织的目标，所以明确了目标，就明确和界定了风险管理的主体。风险管理一定是特定人或组织(主体)对风险的管理。不明确和界定管理主体，风险管理就会失去方向，就不可能有正确的管理内容，不可能实现预期的目标。例如，就某一可能发生的事件，对某一风险管理主体而言，可能是风险，需要管理；但对于另一风险管理主体，可能就不是风险，无须任何管理。图 2-1 中显示了“目标”在风险术语中的定位。

2. 影响

影响意为“不确定性”与“目标”发生关系，对“目标”施加作用。影响作为风险概念的三个变量之一，是连接不确定性与目标的桥梁。通过这一桥梁，三个变量联系在一起，形成了风险概念的统一性和整体性，而不仅仅是单一的不确定性概念。通常认为不确定性是客观的，而作为体现风险管理主体的目标是主观的。仅有客观存在(不确定性)、仅有主观存在(目标)，都不能构成风险，只有当不确定性存在对目标的影响时，对管理主体而言，才能构成风险。

在实际工作中，当已存在不确定性和建立目标后，需识别不确定性是否可能对目标产生影响，并做出正确的判断。例如，明天可能会出现恶劣天气，一个人要出差(目标)，恶劣的天气可能对出差产生影响(如飞机延误等)，故明天可能出现的恶劣天气对该人来讲就是风险。而对于另一个人，如果他明天只在家里写作(目标)，恶劣天气对其不可能产生影响，故可能的恶劣天气对该人来讲就不是风险。请注意，在这个例子中，多次使用了“可能”二字，这是不确定性的体现，是风险固有属性所要求的。如果说一定出现恶劣天气，那就概念而言，已不属于风险的范畴，也不是风险管理的问题。图 2-1 显示了风险术语中的“影响”。该图将影响用两个不同的箭头表示，这是风险具有两重性的体现。

3. 不确定性

不确定性是风险概念的核心。对这个名词大家都有基本的理解和共识，无非是指境况、条件或事件等的不确定性，是发生还是不发生等。不确定性是风险的基本属性。上文已指出，在以往关于风险的释义中，均包含可能性的意思，这是人们对风险概念的共识。因此，风险与不确定性密切相关，没有不确定性，就谈不上风险，也不会有风险。

正是风险与不确定性的这种密切关系，才使得以往的风险概念与不确定性的概念相混淆，在各种有关风险或风险管理的文献资料中，将不确定性认为是风险的比比皆是。为此，这里有必要对这一错误的认识给予澄清：不确定性与风险是两个不同的概念，不确定性只是构成风险概念三个关键变量中的一个。尽管不确定性是风险的基本属性，但并不能认为不确定性就等同于风险。

作为风险管理的主体，在争取实现目标的过程中，可能发生、也可能不发生各种情况和事件，这便存在不确定性。这些可能发生或不发生的情况或事件可能影响管理主体的目标实现，对该管理主体而言，这就是风险。图 2-1 显示了风险术语中的“不确定性”，即不确定性影响组织目标的实现。

4. 风险、隐患、事故

在风险的相关研究中经常会出现事故和隐患的表达。明确风险、隐患、事故三者之间的联系和区别可以进一步加深对风险概念的理解，也可以避免名词滥用引发的歧义。

隐患(也称风险因素、风险源)是指可能造成某种不良后果的不安全源头。其可以理解为一种潜在状态，未来可能会以某种形式对系统施加伤害或扩大这种伤害。一般认为，隐患是不良后果发生的潜在原因，也是造成伤害的内在根源。

事故是指会伤害到人员、环境、财产或其他方面的某一事件或一组事件序列，它是导致伤害发生的直接或外在原因。与此同时，事故也可以理解为事件不良后果的一种表现形式。

因此，只有当隐患存在时，那些会造成伤害的事故才有可能发生。而风险一词用于描述事件发生的可能性(也称不确定性)。隐患是否导致负面事件发生是不确定的，负面事件是否导致事故伤害也是不确定的，但可以确定的是，当风险聚集到一定程度时，隐患会演变为负面事件；当风险继续累积到一定程度时，负面事件又会演变为事故伤害。例如，车辆制动失灵(隐患)→车辆失控(负面事件)→车辆追尾(事故)→人员伤亡、财产损失(伤害)。

2.3 风险的表示

基于风险概念的理解，可以看出风险具有两个突出特征，一是事件的后果，二是事件发生的可能性。

1. 后果

后果是风险管理领域中的重要术语，其定义为“某事件对目标影响的结果”。

该术语定义后有四个注。

注 1：一个事件可以导致一系列后果。

注 2：后果可以是确定的，也可以是不确定的，对目标的影响可以是正面的，也可以是负面的。

注 3：后果可以定性或定量表述。

注 4：通过连锁反应，最初的后果可能升级。

后果即事件发生后的结果。术语定义中强调了对目标影响的结果。对特定的目标而言，如果事件发生的结果对该目标有影响，则该结果对目标而言是后果；如果事件发生的结果对该目标没有影响，则该结果对目标而言不是后果。

2. 可能性

可能性是风险管理领域中的重要术语，其定义为“某事件发生的机会”。

该术语定义后有两个注(注的表述来源于英文国际标准《风险管理　术语》)。

注 1：无论是以客观的还是主观的、定性或定量的方式来定义、度量或确定，还是用一般词汇或数学术语来描述(如概率或一定时间内的频率)，在风险管理术语中，可能性一词用来表示某事件发生的机会。

注 2：可能性这一英语词汇在一些语言中没有直接与之对应的词汇，因此经常用概率这个词代替。不过，在英语中，概率常常被狭义地理解为一个数学词汇。在风险管理术语中，可能性应该有与许多语言中使用的概率一词相同的解释，而不限于英语中概率一词的意义。

3. 风险的一般表示

风险具有事件性，而事件又一定伴有后果和可能性，因此可以用事件的后果和发生的可能性来表示风险。

风险术语注 4 指出通常用事件后果和事件发生的可能性的结合来表示风险。这里除去后果和可能性，还有两个关键词必须注意：一是“结合”，二是“表示”。

结合是说当表示风险时，不能仅使用后果或可能性之一，必须要使用后果和可能性这两者。以往有关风险管理的理论，这一点并不十分明确。表示针对的是结合的方式，以怎样的结合方式将风险的大小具体表示出来。

根据“不确定性”(U)、“影响”(E)、“目标”(O)，定义风险的一般表示为

$$R_c = R(U,E,O) \tag{2-1}$$

式中，R 表示目标系统内后果(影响)和可能(不确定性)的某种结合函数；R_c 表示目标系统或组织的风险值。

根据式(2-1)，可以判别系统或组织否存在风险(即 R_c 是否等于零)，具体可分为以下几种情况。

1) O=0

即没有目标。没有目标就不能明确管理的主体，所以 R_c 可能等于零。

例如，汽油可能涨价，是否存在风险呢？如此问题是无法回答的，对于一个有私家车的人，就是风险(可能加大开车的成本)，而对于一个不拥有私家车的人，就不是风险(未增加其在这方面的成本)。

2) E=0

即没有影响。即使 O、U 都不为零，也有 $R_c = 0$ 。

在以上讨论影响时，已举过恶劣天气的例子加以说明。

3) U=0

即没有不确定性。不确定性是风险最基本的属性，若 U=0，则 $R_c = 0$ 。

注意：若 $R_c = 0$ ，反过来不能说 U=0。

对于以上三种情况，基本结论是：O=E=U=0，则 $R_c = 0$ 。

4) O、E、U 均不为零

O、E、U 均不为零，则 R_c 不为零。R_c 的大小取决于 O、E、U 的大小。

2.4　风险的基本特征

根据风险术语的最新定义，对风险所具有的基本特征进行说明和分析。

1. 风险的不确定性

不确定性是风险的基本属性，没有不确定性，就不会有风险。正是在客观世界中存在不确定性才导致了风险的存在。风险一定具有不确定性，一切确定的都不是风险，也不属于风险管理范畴。在构成风险概念的三个变量中，目标和影响相对容易理解，而不确定性就要困难一些。不确定性是风险概念的核心，对它的认识直接影响对风险概念的理解，从而影响实施风险管理的有效性。

风险的定义中含有不确定性一词，作为风险概念中的核心内容，在风险术语的注 5 中给出了不确定性一词的概念，不确定性是指缺乏对一个事件、其后果或发生可能性的有关信息、了解或认识的完整状态或部分状态。

缺乏“信息”体现了不确定性的客观性。有关事件、后果、可能性的信息受客观条件、历史时期、技术进步水平的限制。例如，天气预报是否准确与一定时期内有关天气变化的信息收集、数据积累、分析水平直接相关。脱离特定时期客观存在的信息状况来分析或改变不确定性是不可能的，任何期望超越客观信息水平的使用来改变不确定性的企图也是不可能实现的。

缺乏“了解或认识”体现了不确定性的主观性。这里的了解或认识是一个管理主体对事件、后果、可能性的了解或认识，反映了管理主体在主观上对事件、后果、可能性的认识水平。在同一历史时期内可获得相同的信息，但不同管理主体对事件、后果、可能性的了解或认识可能是不同的，这导致对不确定性的认识、判断可能是不同的。

只要不断改进对事件、后果、可能性的“信息、了解或认识”，就有可能确认不确定性并改变其不确定程度，使风险管理朝着利于人类的方向发展(注意：不一定有利的方向就是朝着确定性的方向发展)，不确定性在客观上的确定性，为管理不确定性提供了前提和可能。

2. 风险的两重性

以往风险的概念具有全负面性，即风险一词具有全负面的意义。说到风险，一定对应损失、伤害、灾难等一切不利情况或事件的可能出现。如此情况，可能要追溯风险与保险的关系，因为保险基本都是对应于损失的，至今这一内涵没有改变。而风险术语定义突破了这一限制，还原了风险一词的全面意义，赋予风险两重性的特征。在风险术语的定义中，影响一词是中性的，不确定性对目标有影响而构成风险，但影响可能有利于组织目标的实现，也可能不利于组织目标的实现。这便是风险的两重性。

同时，在风险术语注 1 中，已对风险的两重性给出了明确说明，“影响是偏离预期，可以是正面的和/或负面的”。由于存在不确定性对目标的影响，这种影响导致组织实现目标时出现偏差，这种偏差可能对组织目标的实现是提高、促进的，故是正面的；也可能对组织目标的实现是降低、阻碍的，故是负面的。

为了区别风险的这两种特性，对于具有正面影响的风险，称为机会；对于具有负面影响的风险，称为威胁。图 2-1 中将不确定性对目标的两重影响用两个不同的箭头表示，分别显示影响的正面性——机会，影响的负面性——威胁。不同的风险对于一个目标，可能是机会，也可能是威胁；同一个风险对于不同的目标，可能是机会，也可能是威胁。例如，可能爆发的金融危机对大多数企业而言，可能是很大的威胁，但是对于一些有识之士或企业，可能就是千载难逢的机会。

这里需要注意，从对风险概念的全面认识和理解来说，强调风险的两重性，并不能否定在一定的历史时期或在特殊的环境下，风险主体重点关注风险的威胁或机会。以往风险的全负面性仍然存在，风险主体可能将风险管理的重点放在了对目标威胁的管理。还应该指出，这里将风险的两重性称为机会与威胁，是因为机会和威胁两词都含有可能性的意思，符合对风险术语的定义；但不能说是成功或损失，因为成功、损失等用语都是确定的，不符合风险术语的定义。

3. 风险的未来性

风险的概念中明确具有未来性的特征。组织的目标是未来的，是组织对未来某一时刻的预期。不确定性也是未来的，一切已发生的、过去的情况和事件等，都是确定的，都不属于风险的范畴。因为不确定性和目标都是未来的，所以不确定性对目标的影响也一定是未来的，是未来的不确定性对未来的目标产生了未来的影响。明确风险本身所具有的未来性极为重要，正是由于风险具有未来性，才赋予了风险管理一个崭新的特征——管理风险就是管理未来。

4. 风险的事件性

在风险术语的定义中，并不含有“事件”二字。但在其注3、注4、注5中，都明确强调了“事件”二字。事件性是风险的另一重要特征。事实证明，所有风险的可能发生都一定有相应的可能事件发生，而一切风险的实际发生都一定是特定事件的发生所触发的。

事件作为风险管理领域中的术语，其定义为“某一类情形的发生或变化”。该术语定义有四个注。

注1：事件可以是一个或多个情形，并且可以由多个原因导致。

注2：事件可以包括没有发生的情形。

注3：事件有时可称为不良事件或事故。

注4：没有造成后果的事件可称为未遂事件、事故征候、临近伤害、幸免。

从定义及注解来看，事件一词的表述较为宽泛。可以说，与不确定性相关所发生的一切都可概括为事件。不确定性对目标会产生影响，但是不确定性需要一个载体来实现对目标的影响，这一载体就是事件。也就是说，不确定性最终要以一个(或多个)事件来体现，该事件的发生后果将影响组织目标的实现。例如天气变化具有不确定性，具体而言，明天下雨(一个事件)可能影响人们的出行(目标)。基于此认识，图2-1所示的风险术语显示了事件的内容，并用一个箭头将事件与不确定性相联系。

认识风险的事件性对风险管理具有重要的实际意义。从操作层面看，风险是较为抽象的，而事件是较为具体的。实际工作中，要首先识别、分析可能发生的事件，再将可能发生的事件与可能面临的风险相联系。知道了可能发生的事件，风险应对就具体、正确，风险管理才能有效、科学。例如，可能发生的汇率变化是一个事件，识别了该事件，才会认识到具有外汇储蓄的企业可能面临金融风险。如果只知道有金融风险，而并不知道有哪些事件(如汇率变化等)可能导致金融风险，此时几乎谈不上具体、正确的风险应对，对金融风险的管理可能就落空了。

5. 风险的目标性

在风险术语中，明确含有“目标”一词，这将风险的概念与不确定性的概念明显区别开来。目标是主观的，是管理主体所建立的目标。而目标又明确地包含在风险术语的定义中，这使得在风险的概念中明显含有目标性。谈及风险，必然谈及目标；不谈及目标，就不是完整的风险概念。在对风险一词的定义中，本身已包含风险管理的主体。不可能有脱离主体的风险，任何脱离主体的风险在实践中都是没有意义的。

6. 风险具有客观与主观相结合的特性

在风险术语中，不确定性具有客观性，目标具有主观性，而主观性与客观性相联系的桥梁就是影响,通过不确定性对目标的影响而使客观性与主观性相结合。所以，风险具有主观与客观相结合的特性。就一个组织的风险管理而言，明确客观存在的不确定性与主观目标的关系，对组织实施主动的风险管理具有重要的实际意义。

风险客观与主观相结合的特性否定了以往对风险只具有客观性的认识，这将使得风险管理的面貌焕然一新。风险可管、风险可测，组织可以发挥更大的主观能动作用，提高风险管理的有效性和效率。

7. 风险没有自身的生产过程

风险具有一个极为特殊的性质，即风险没有自身的生产过程，这是风险管理与其他管理相区别的一个重要方面，也是风险管理的特殊性所在。例如，可以通过生产过程将组织的产品生产出来，可以通过资产的管理过程将组织的资产管理好。但组织中不存在专门生产风险的过程，也无从对专门生产风险的过程进行管理。明确理解风险没有自身的生产过程是认识、理解风险管理的基础，对组织实现有效风险管理意义重大。

2.5 本 章 小 结

风险是风险管理领域中的基本概念，也是最重要的专业术语。依据《风险管理　术语》(GB/T 23694—2013/ISO Guide 73: 2009)，本书将风险定义为不确定性对目标的影响。其中，目标、影响、不确定性是构成风险概念的三个关键变量，后果与可能性是风险的两个突出特征，它们不仅有利于对风险概念的理解与认识，也用于表示风险的大小和判别风险的有无。在此基础上，本章进一步揭示风险的主要基本特征，具体包括不确定性、两重性、未来性、事件性、目标性、主观与客观相结合的特性，以及风险没有自身生产过程。

参 考 文 献

[1] Flanagan R, Norman G. Risk Management and Construction[M]. New York: John Wiley & Sons, 1993.

[2] 汉语大词典编纂处. 汉语大词典(普及本)[M]. 上海: 上海辞书出版社, 2012.

[3] 朗文当代英语辞典[M]. 4 版. 北京: 外语教学与研究出版社, 2004.

[4] Merriam-Webster. 韦氏高阶英语词典[M]. 北京: 中国大百科全书出版社, 2009.

[5] Trumble W R, Brown L, Stevenson A. 牛津英语大词典(简编本)[M]. 上海: 上海外语教育出版社, 2004.

[6] Haynes J. Risk as an economic factor[J]. The Quarterly Journal of Economics, 1895, 9(4): 409-449.

[7] Willett A H. The Economic Theory of Risk and Insurance[M]. Philadelphia: The University of Pennsylvania Press, 1940.

[8] Knight F H. Risk, Uncertainty, and Profit[M]. Boston: Houghton Mifflin Co., 1921.

[9] Williams C A, Heins R M. Risk Management and Insurance[M]. New York: McGraw-Hill, 1964.

[10] Cooper D F, Chapman C B. Risk Analysis for Large Projects: Models, Methods, and Cases[M]. Chichester: John Wiley & Sons, 1987.

[11] Yates J F, Stone E R. Risk appraisal[M]//Yates J F. Risk Taking Behavior. Oxford: John Wiley & Sons, 1992: 49-85.

[12] International Standard Organization. ISO Guide 73: 2009 Risk management—Vocabulary[S]. Geneva: International Standard Organization, 2009.

第 3 章　风险管理概述

风险概念的变化导致风险管理概念的变化。本章对风险管理的概念及基本特性进行详细、深入的论述。在此基础上，提出风险管理的一般框架，探讨风险管理的主要过程。最后，介绍常用的风险管理理论，如多米诺骨牌理论、能量意外释放理论等。

3.1　风险管理的概念

在第 2 章，根据风险术语的定义，对风险的概念进行了详细阐述。新的风险定义与旧的风险概念在内涵上发生了巨大变化，这使得风险管理的概念及其内涵也随之变化。

风险管理作为风险管理领域中的术语，其定义为“在风险方面，指挥和控制组织的协调活动”。自 ISO 颁布管理标准以来，一直将管理定义为“指挥和控制组织的协调活动”。因此，当管理的对象不同时，需要在定义中明示其对象。例如，将质量管理定义为“在质量方面，指挥和控制组织的协调活动”[1]。这里是对风险管理进行定义，故在定义的前面添加“在风险方面”。

上述风险管理的概念略显宽泛，本书将其细化为“系统中，目标为识别、分析、评价潜在危险事件的连续管理过程，在此基础上，引入有效的风险控制手段，消除或者减少对人员、环境或者其他资产可能造成的伤害”。风险管理是所有良好管理的集成，上述风险管理的定义中包括四个要素[2]。

1) 风险识别

风险识别的目标如下：

(1) 识别与研究对象相关的危险和隐患。

(2) 识别与研究对象有关的可能发生的潜在危险事件。

(3) 寻找每一个危险事件的原因。

2) 风险分析

风险分析的目标如下：

(1) 分析每个危险事件相关的事故场景。

(2) 确定不同事故场景下，事件发生的概率与后果。

(3) 分析可以阻止危险事件发生或降低发生概率及减轻事件后果的安全防护

措施，并评估这些安全防护措施的可靠性。

3) 风险评价

风险评价的目标如下：

(1) 描述与研究对象相关的风险。

(2) 评价目标系统的整体风险水平，并尽可能地与风险接受准则相比较。

(3) 为风险相关的决策提供输入。

4) 风险应对

风险应对的目标如下：

(1) 决定是引入新的风险降低措施还是修改现有的措施。

(2) 实施风险降低措施。

(3) 监控风险，在合适的时候提出修改方法并进行评价。

(4) 与利益相关人员和公众就风险问题进行沟通。

(5) 进行其他与风险相关的决策。

3.2　风险管理的基本特性

1. 风险管理的未来性

前文已说明风险具有未来性，风险的未来性必然导致风险管理的未来性。一切风险都是未来的，因此风险管理是对未来风险的管理。风险影响未来，管理风险就意味着管理未来。正是因为风险管理具有未来性，这几乎区别于任何其他领域的管理，所以风险管理与其他管理有极大的不同，管理的难度也非其他管理可比。最主要的原因是目前人们对不确定性的认识和管理处于比较初级的阶段，还远远达不到人们所希望的程度。

在风险管理中，经常有危机的说法，按照风险术语的最新定义，在此对“危机”一词给出本书的说明。危机是指不确定性对目标可能的负面影响，故危机属于风险的范畴，风险管理应包含危机管理。在确定影响的性质(负面)以后，就需要界定威胁与危机。一般而言，应建立影响目标的负面指标，当负面指标变化并触及某一规定的临界点时，危机就产生了，这时就需要实施危机管理。举一个简单的例子，一个儿童在火炉旁边时，有被烫伤的威胁(烫伤是负面的)，如果距离火炉较远，则只是威胁，但当距离较近时(如规定 1m，或儿童的手臂长度)，就是危机了。大人对儿童实施主动管理——向后拉儿童，就达到了管理危机的目的，避免了儿童烫伤。因此，本书已界定危机属于负面的威胁，以区别正面的机会。

在风险管理中，还经常有应急的说法。按照风险术语的最新定义，在此对“应急”给出本书的说明。应急是指在事件发生以后急于采取措施。事件一旦发生，事件的后果就对目标产生了影响，并且影响已成为现实，应急是针对确定的影响采取怎样的应急措施(如发生大型群体活动的踩踏事故)。顺便指出，现存的应急概念主要用于负面，是对已出现的负面事件及其负面影响做出应急。其实，应急应该是一个中性词汇，包括对正面事件及其正面影响的应急。相对于已有的负面应急，正面应急可能是更有待开发的领域(这与风险管理中的“机会管理”相承接)。

2. 风险管理的增值性

以往风险概念的全负面性，使得风险管理几乎成为避免损失的代名词，谈及风险管理完全局限于如何降低损失、避免损失。基于风险术语定义，风险管理能够创造价值，这便是风险管理的增值性。

风险管理具有增值性的基础是风险所具有的两重性。风险两重性之一的“威胁”是指不确定性对实现组织目标具有负面影响，管理具有负面影响的风险，当然属于降低损失、避免损失。风险两重性之一的“机会”是指不确定性对实现组织目标具有正面影响，管理具有正面影响的风险，这就是要增值、创造价值。应该说，人们对威胁的管理已有长期的历史和经验，而人们对机会的管理则落后得多，管理的机制和方式也相对缺乏。

超常收益性是机会管理的一个突出特征，其区别于通常的非机会管理。组织通过机会管理，可以实现超常的收益性，创造更大的价值，并且一般伴随着组织的跨越式发展。识别、捕捉机会的触发点对组织的机会管理至关重要。

3. 风险管理的目标性

在风险术语中，“目标”体现了风险管理的主体。因此，风险管理一定是明确管理主体和明确目标的管理。在 ISO 标准《风险管理　指南》(ISO 31000: 2009)发布后，Kevin 曾撰文指出，管理风险的最终目的是确保风险管理完全聚焦于目标的实现，风险管理向目标聚焦是必不可少的。风险管理的目标性对于组织界定风险管理主体(可能是组织的部分)、划分风险管理范围十分重要。

4. 风险管理的主动性

以往风险概念的全负面性导致组织风险管理的被动性。总是面对损失、伤害、灾难等，人的主观行为一定是被动的。新的术语定义赋予了风险具有两重性，风险对组织而言，不仅是威胁，也可能是机会。风险管理不再仅仅是降低损失、避免伤害，也可能是创造价值，实现跨越式发展。新的风险概念的产生，必然在管理上带来新的突破，这集中体现在风险管理的被动性向主动性的转化。在《风险管理　指南》(ISO 31000: 2018)中，明确指出风险管理可以创造价值、风险管理必须创造价值，这必将导致风险管理的主动性，激发组织实施风险管理的积极性。而风险管理主动性的发挥，会更加促进组织创造更大的价值，风险管理的有效性也更加显现。

5. 风险管理的信息性

在不确定性的概念中，一个主要内容是缺乏信息，这显示了信息与风险的关联以及信息在风险内涵中所具有的重要地位。在风险管理中，对信息的管理是一项十分重要的内容，这便是风险管理所具有的信息性。无论在理论上还是在实践中，风险管理中对信息的全面管理都具有极其重要的意义。风险管理的有效性，很大程度上取决于组织对信息的管理，而对信息的管理就意味着对不确定性的管理，改变不确定性对目标的影响就实现了对风险的管理。在目前所能看到的有关风险管理的标准、法规等文件中，均对组织的信息系统建立提出了明确要求。

6. 风险管理的学习性

在不确定性的概念中，另一个主要内容是对事件、后果、可能性缺乏了解或认识，这显示了学习与风险的关联以及学习在风险内涵中所具有的重要地位。了解或认识程度对识别和判定的不确定性具有重要影响，从而影响对风险的管理。人们的了解或认识差异是其主观能力、素质等方面的集中体现，并主要取决于其学习状况和学习能力。学习状况决定了“了解或认识”的现有程度，学习能力决定了对“了解或认识”的潜在发展。总之，通过学习可以改变对事件、后果、可能性的了解或认识，从而改变不确定性的影响，实现对风险的管理。从这一角度说，风险管理具有学习性。此外，在 ISO 标准《风险管理　指南》(ISO 31000: 2018)中，也强调了改进组织的学习和在持续学习方面组织的需求。

7. 风险管理的完整性

鉴于风险的基本特征众多，相比于其他的管理对象，管理风险的难度大大增加，这使得风险管理不可能是局部的组织和单一的过程，而一定是全面的、完整的管理过程。组织风险管理的有效性取决于实施风险管理的完整性。如果一个组织现存的管理实践和过程已包含风险管理的组成部分，或者针对特殊类型的风险或情景已采用一个正式的风险管理过程，组织应按照 ISO 标准《风险管理　指南》(ISO 31000: 2018)，对这些实践和过程进行批评性的评审和评估，以决定其完整性、充分性、有效性。

8. 风险管理的连贯性

风险管理的连贯性是指在实施风险管理时，要知道实施的过程(或活动)有哪些、是怎样构成的、实施的顺序和过程之间的输入输出关系等问题。如果在实施风险管理的过程中不明确连贯性或失去连贯性，那么尽管组织对风险管理过程的某一环节很重视，投入了很多资源，风险管理过程的有效性将无法显现。

风险管理过程的连贯性是组织风险管理过程有效性的保证。本书所指的风险管理连贯性，其内容十分明确，就是指 ISO 标准《风险管理　指南》(ISO 31000: 2018)中所推荐的风险管理过程。一个组织实施风险管理，应该按照该风险管理的过程构成、过程顺序、过程内容的要求进行，这便是风险管理的连贯性。为满足各种不同的需求，风险管理实践已在许多领域有了长足发展，但是在一个综合的框架内采用一致的过程，可以帮助组织确保风险管理的有效性，并在组织中保持连贯性。

3.3　风险管理的逻辑框架

3.3.1　风险管理过程

风险管理过程作为风险管理领域的重要术语，其定义为“将管理政策、程序和操作方法系统地应用于沟通、咨询、建立环境以及识别、分析、评价、应对、监测与评审风险的活动中”。

在《风险管理　原则与指南》(ISO 31000: 2018)中，明确说明风险管理过程由五部分构成[3]，具体包括建立环境、风险评估(包含风险识别、风险分析、风险评价三个子过程)、风险应对、监测与评审、沟通与咨询，如图 3-1 所示。

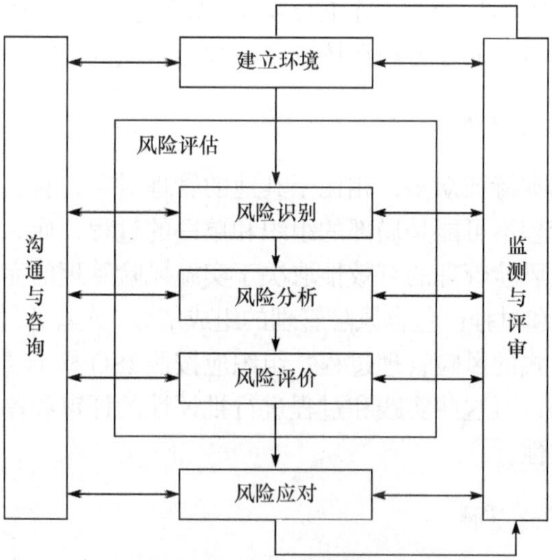

图 3-1　风险管理过程

图 3-1 所表现的风险管理过程的构成及其相互关系应注意以下几点。

(1) 一个循环过程。图 3-1 明确了一个循环过程，直接参与循环的有四个过程，其循环顺序为建立环境、风险评估、风险应对、监测与评审。既然风险管理过程之间是循环的，就必须考虑过程要素之间的输入、输出关系。

(2) 循环过程始于建立环境。图 3-1 明确了过程循环的开始是建立环境，即实施风险管理过程是从建立环境这一过程开始。

(3) 风险评估是风险识别、风险分析、风险评价的全过程。如图 3-1 所示，风险评估由三个子过程构成，其实施顺序是风险识别→风险分析→风险评价。对于风险评估这一过程，其子过程风险识别是过程的开始，建立环境是对其进行输入，风险评价是风险评估的输出，也是风险应对的输入。

(4) 监测与评审过程。图 3-1 显示，监测与评审过程不仅是循环过程的第四个环节，而且与建立环境、风险评估的三个子过程、风险应对之间都发生相互作用。也就是说，在上述过程中都应实施监测与评审，并与这些过程进行信息传递与沟通。

(5) 沟通与咨询过程。图 3-1 显示，沟通与咨询存在于建立环境、风险评估的三个子过程、风险应对等的过程中，与风险管理的子环节都发生相互作用。也就是说，在上述过程中都应实施沟通与咨询，并与这些过程进行信息传递与沟通。

根据风险管理过程，对其主要内容给出解释与说明[4]。

1) 建立环境

建立环境是风险管理领域的重要术语，其定义为“组织在管理风险，以及为风险管理方针确定范围和风险准则时，确定需要考虑的内外部参数”。其中，内外部参数是比较广泛的概念，可以说影响组织风险管理的任何内外部因素都可作为组织的内外部参数。一般而言，为实施风险管理，组织需建立如下三种环境。

(1) 建立外部环境。

外部环境为风险管理术语，其定义为“组织追求其目标实现时所处的外部条件”，此处应注意外部条件与目标的关系。建立外部环境包括以下三个方面：

① 社会、文化、政治、法律、法规、金融、技术、经济、自然环境和竞争性环境，无论是国际的、国内的，还是区域的、局部的。

② 对组织目标有影响的关键驱动因素和发展趋势。

③ 与外部利益相关方的关系，以及他们的感知和价值观。

(2) 建立内部环境。

内部环境也为风险管理术语，其定义为“组织追求其目标实现时所处的内部条件”。同样，此处应注意内部条件与目标的关系。建立内部环境包括以下八个方面：

① 治理、组织结构、角色和责任。

② 方针、目标及确定实现它们的战略。

③ 能力、对资源和知识的理解。

④ 与内部利益相关方的关系，以及他们的感知和价值观。

⑤ 组织的文化。

⑥ 信息系统、信息流和决策过程。

⑦ 组织所采用的标准、指南和参考模型。

⑧ 合同关系的种类和程度。

(3) 建立风险管理环境。

以上的外部、内部环境是组织所处的一般环境，而风险管理环境是指组织在开展一项工作时，从风险、风险管理的角度考虑所具有的条件、状况、背景等。风险管理环境包括如下九个方面：

① 确定风险管理活动的目的和目标。

② 在风险管理过程内，为风险管理过程确定职责。

③ 确定范围、开展风险管理活动的深度和广度，包括特殊情况下的内涵和外延。

④ 按照时间和地点确定活动、过程、职能、项目、服务或资产。

⑤ 确定组织的特殊项目、过程或活动与其他项目、过程或活动。

⑥ 确定风险评估方法。

⑦ 确定在风险管理中评价有效性的方式。

⑧ 识别和明确必须做出的决策。

⑨ 所需的识别方法、确定范围或建立框架，包括它们的程度、目标及研究所需的资源。

2) 风险评估

风险评估的三个子过程：风险识别、风险分析、风险评价，是风险管理过程的重要内容，具体论述参见第 4 章～第 6 章。

3) 风险应对

风险应对也是风险管理过程的重要内容，具体论述参见第 7 章。

4) 监测与评审

监测为风险管理领域中的术语，其定义为“持续地检查、监控、密切观察或确认风险状态，以识别与要求或期望水平的偏离”。监测可用于风险管理框架、风险管理过程、风险或控制。

评审也为风险管理领域中的术语，其定义为“为实现既定目标而进行的决定某一事项的适宜性、充分性和有效性的活动”。评审也可用于风险管理框架、风险管理过程、风险或控制。

监测与评审是风险管理过程中的一部分，其包括日常检查或监督。组织应清晰确定实施监测与评审的职责，可以是定期的或临时的。组织所进行的监测与评审应包含组织风险管理过程的所有方面。

监测与评审的目的包括：确保在设计和运营两个方面的控制措施是有效的；为改进风险评估而获取进一步的信息；在事件、变化、趋势、成功和失败中进行分析并获取教训；察觉外部、内部环境的变化；识别正在显露的风险。

5) 沟通与咨询

沟通与咨询是风险管理领域中的术语，其定义为“组织风险管理时，提供信息、共享信息、获取信息以及与利益相关者展开对话的持续、往复的过程”。该术语有两个注。

注 1：信息可能涉及风险的存在、性质、形式、可能性、重要性、评价、可接受性和风险管理的应对等方面。

注 2：咨询是组织与其利益相关者就某一问题在决策或确定方向之前所进行的充分的双向沟通。咨询是一个通过影响力而不是通过权力来影响决策的过程；咨询是对决策的输入，而不是共同决策。

在风险管理过程的各个阶段，组织都应与内部、外部利益相关者进行沟通与咨询。组织应编制沟通与咨询计划，该计划应阐明与风险本身、风险原因、风险后果有关的事项，以及对风险所采取的应对措施。组织应进行有效的内外部沟通与咨询，以确保风险管理过程中的责任人和利益相关者均理解有关决定的基础，以及需要采取特殊措施的原因。

3.3.2　风险管理需要回答的问题

全面的风险管理是一个系统化的、基于逻辑的整体过程，它的基础是风险评估和风险应对的科学分析。针对任意一个系统或组织，风险管理需要解决哪些基本问题，把这个问题界定清楚，不仅可以强化对风险管理过程的认识，也可以把握风险管理的核心和本质。

风险管理过程必须回答以下几个基本问题[5]：

(1) 什么会出错？

(2) 出错的可能性有多少？

(3) 结果会是什么？

(4) 能做什么以及有什么可行的选择？

(5) 针对所有的成本、收益和风险，相关的权衡是什么？

(6) 目前决策对未来选择的影响是什么？

回答问题(1)～(3)有助于决策者识别、确认、分析、量化、估计系统或组织的各种风险以及它们所引起的结果和影响，这部分内容基本包含在风险评估的三个子过程中，即风险识别、风险分析、风险评价。在此基础上，回答问题(4)～(6)，有助于决策者制定科学的风险应对措施，降低风险事件的发生概率或消除可能产生的后果。注意，问题(6)对任何管理决策都是重要的。政策决策对未来选择的负面和正面影响均需通过尽可能详细的评估，才能在某种程度上被认为是“最优”决策。

风险管理是经验主义和标准化、定性和定量、客观和主观努力的综合与融合。只有在管理的更宽阔背景下论述上述问题，其中所有的选择和相关的权衡在组织中都得到考虑后，才能实现一个全面的、完整的风险管理。如果处于一个孤立的系统模型和局部组织的资源分配中，那么根据成本、收益和风险，在所有重要的和相关的目标中评估总的权衡是不可能实现的。

3.4　风险管理的基本理论

3.4.1　事故因果连锁理论

在 20 世纪 30 年代，海因里希提出了事故因果连锁理论(也称多米诺骨牌理论)[6]。在该理论中，海因里希借助多米诺骨牌形象地描述了事故的因果连锁关系，即事故的发生是一连串事件按一定顺序互为因果依次发生的结果。例如，一块骨牌倒下，将发生连锁反应，使后面的骨牌依次倒下。

如图 3-2 所示，人员伤害的发生是因为发生了事故；事故的发生是因为人的不安全行为或物的不安全状态；人的不安全行为或物的不安全状态是由人的因素、人为失误造成的；人的因素受影响不良的社会环境或先天的遗传因素影响。

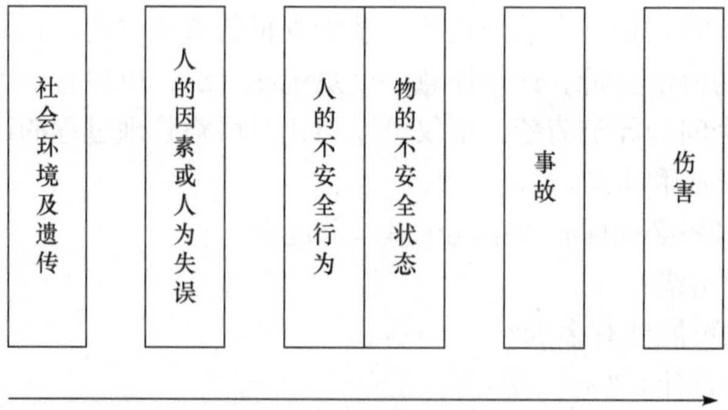

图 3-2　事故因果连锁关系

具体而言，事故因果连锁理论的五大因素分别如下：

(1) 遗传及社会环境。遗传及社会环境是造成人的缺点的原因。遗传因素可能使人具有鲁莽、固执、粗心等不良性格；社会环境可能妨碍教育，助长不良性格的发展。这是事故因果链上最基本的因素。

(2) 人的因素或人为失误。人的因素或人为失误是由遗传和社会环境因素造成的，是使人产生不安全行为或使物产生不安全状态的主要原因。既包括各类不良性格，也包括缺乏安全生产知识和技能等后天的不足。

(3) 人的不安全行为或物的不安全状态。人的不安全行为或物的不安全状态是指那些曾经引起过事故，或可能引起事故的人的行为，或机械、物质的状态，它们是造成事故的直接原因。例如，在起重机的吊荷下停留、不发信号就启动机器、工作时间打闹或拆除安全防护装置等都属于人的不安全行为；没有防护的传动齿轮、裸露的带电体或照明不良等属于物的不安全状态。

(4) 事故。即由物体、物质或放射线等作用使人体受到伤害的、出乎意料的、失去控制的事件。例如，坠落、物体打击等使人员受到伤害的事件是典型的事故。

(5) 伤害。直接由事故产生的人身伤害。

根据该理论，若移去因果连锁中的任意一块骨牌，则连锁被破坏，事故过程即停止，达到控制事故的目的。海因里希强调，组织安全运转的关键是要移去中间的骨牌，即防止人的不安全行为和物的不安全状态，从而中断事故的进程，避免伤害的发生。当然，通过改善社会环境，使人具有更高的安全意识；加强培训，使人具有较好的安全技能；或者加强应急抢救措施，都能在不同程度上移去事故连锁中的某一骨牌从而增加骨牌的稳定性，使事故得到控制和预防。

3.4.2　能量意外释放理论

1961 年 Gibson 提出了能量释放理论，认为事故是一种不正常的或不希望的能量释放，意外释放的各种形式的能量是构成伤害的直接原因。因此，应该通过控制能量或控制能量载体(能量达及人体的媒介)来预防伤害事故。其中，导致人员伤害的主要能量形式有机械能(势能和动能)、电能、热能、化学能、电离及非电离辐射、声能和生物能等。交通工程领域造成事故的罪魁祸首是机械能(势能和动能)，其次是电能或化学能。

在 Gibson 所提理论的基础上，1966 年美国运输安全管理局局长 Haddon 完善了能量意外释放理论，提出“人受伤害的原因只能是某种能量的转移”。其基本观点认为，不希望或异常的能量转移是伤亡事故的致因。即人受伤害的原因只能是某种能量向人体的转移，而事故是一种能量的不正常或不期望的释放。他还提出了能量逆流于人体造成伤害的分类方法，将伤害分为两类：第一类伤害是施加了超过局部或全身性损伤阈值的能量引起的；第二类伤害是影响局部或全身性能量交换引起的。

能量在生产过程中是不可缺少的，人类利用能量做功以实现生产目的。在正常生产过程中，能量受到种种约束和限制，按照人们的意志流动、转换和做功。如果由于某种原因，能量失去控制，超越了人们设置的约束或限制而意外地释放，那么必然造成事故。如果失去控制的、意外释放的能量到达人体，并且能量的作用超过了人体的承受能力，那么人体必将受到伤害。因此，在一定条件下，某种形式的能量能否造成伤害及事故，主要取决于人所接触的能量大小，接触的时间长短和频率、力的集中程度，受伤害的部位及屏障设置的早晚等[7]。

用能量意外释放理论分析事故致因，首先要确认某个系统内的所有能量源，然后确定可能遭受该能量伤害的人员及伤害的可能严重程度，进而确定控制该类能量不正常或不期望释放的方法。在此基础上，哈登提出了 12 项防治措施：

(1) 限制能量的系统。

(2) 用较安全的能源代替危险性大的能源。

(3) 应用防止能量蓄积的系统。

(4) 控制能量释放。

(5) 延缓能量释放。

(6) 开辟释放能量的渠道。

(7) 在能源上设置屏障。

(8) 在人、物与能源之间设置屏障。

(9) 在人与物之间设置屏蔽。

(10) 提高防护标准。

(11) 改变工艺流程。

(12) 修复或急救。

3.4.3 其他代表性理论

除上述两大理论之外，在风险领域，从不同的侧面还经常会遇到多种不同的风险管理理论[8]。这些理论从不同的角度出发，具有一定的指导作用。

1) 事故频发倾向理论

所谓事故频发倾向理论，是指个别容易发生事故的、稳定的、个人的倾向。按照这一观点，事故频发倾向是由个人内在因素决定的，并且长时间不易改变。也就是说，有些人本身就是容易发生事故。具有这种倾向的人称为事故频发倾向者，他们的存在被认为是事故频发的原因。

2) 事故综合原因理论

事故综合原因理论简称综合论，它是综合论述事故原因的现代理论。该理论认为，事故发生绝不是偶然的，而是有其深刻背景原因，这些原因包括危险因素的直接原因、管理因素的间接原因和社会因素的基础原因。其中，危险因素加上触发因素会引起事故发生。

3) 事故轨迹交叉理论

事故轨迹交叉理论主要强调人的不安全行为和物的不安全状态在时间和空间上的相互作用。在该理论中，把物的因素进一步划分为起因物和加害物。起因物是引起事故发生的物体，加害物是作用于人体导致人员伤害的物体；并且，明确指出人的不安全行为是指行为人，即事故当事者的不安全行为。因此，人与物两系统一旦发生时间和空间上的轨迹交叉就会造成事故。

4) 事故扰动起源理论

事故扰动起源理论认为，事故形成过程是一组自觉或不自觉的，指向某种预期的或不测结果的相继出现的事件链。这种事件链的发生过程也受到外界条件及变化的影响。相继事件过程是在一种自动调节的动态平衡中进行的。如果行为者的行为得当或受力适中，则可维持能流稳定而不偏离正确的进程，实现安全生产的结果；如果行为者的行为不当或发生故障，则对上述平衡产生扰动(perturbation)，就会破坏和结束正确的动态平衡而开始导致发生事故的进程，最终造成伤害或损坏。这种伤害和损坏又会依次引起其他变化或能量释放。于是，根据该理论可以把事故看成从相继事件的扰动开始，以伤害或损坏而告终的过程，也称为“P”理论。

3.5 本章小结

本章将风险管理定义为“系统中，目标为识别、分析、评价潜在危险事件的连续管理过程，在此基础上，引入有效的风险控制手段，消除或者减少对人员、环境或者其他资产可能造成的伤害”。这一概念由 ISO 标准《风险管理　指南》(ISO 31000: 2018)的解释进一步细化和完善得到。根据风险的特征，提出风险管理的基本特性，具体包括未来性、增值性、目标性、主动性、信息性、学习性、完整性、连贯性。更为重要的是，明确了风险管理过程，即建立环境、风险识别、风险分析、风险评价、风险应对、监测与评审、咨询与沟通，并且揭示了风险管理需要回答的基本问题。最后，简要介绍风险管理的主要代表性理论，如事故因果连锁理论、能量意外释放理论、事故频发倾向理论、事故综合原因理论等。

参考文献

[1] 中华人民共和国国家质量监督检验检疫总局，中国国家标准化管理委员会. GB/T 19000—2016/ISO 9000: 2015 质量管理体系　基础和术语[S]. 北京：中国标准出版社, 2016.

[2] Rausand M. 风险评估: 理论、方法与应用[M]. 北京: 清华大学出版社, 2013.

[3] International Standard Organization. ISO 31000: 2018 Risk management—Guidelines[S]. Geneva: International Standard Organization, 2018.

[4] 李存建. 风险评估——理论与实践[M]. 北京: 中国商务出版社, 2012.
[5] Haimes Y Y. Risk Modeling, Assessment, and Management [M]. 2nd ed. New York: John Wiley & Sons, 2004.
[6] 赵立祥, 刘婷婷. 海因里希事故因果连锁理论模型及其应用[J]. 经济论坛, 2009, 457(9): 94-95.
[7] 杜守梅. 供应链突发事件扩散机理研究[D]. 上海: 上海交通大学, 2008.
[8] 陈喜山. 系统安全工程学[M]. 北京: 中国建材工业出版社, 2006.

第 4 章　风 险 识 别

本章对风险评估的第一子过程风险识别进行详细介绍。首先给出风险识别的概念，明确指出风险识别过程的主要内容，并特别强调识别潜在事件是风险识别过程的中心工作。此外，本章还说明风险识别过程的主要输出以及应关注的重要方面，并进行相应解释。

4.1　风险识别概述

风险识别是风险管理领域中的重要术语，其定义为“发现、辨认和描述风险的过程”[1]。该术语后有两个注。

注 1：风险识别包括对风险源、事件及其原因和潜在后果的识别。

注 2：风险识别可能涉及历史数据、理论分析、专家意见、有见识的意见，以及利益相关者的需求。

风险识别是风险评估过程所包含的三个子过程之一，并且是三个子过程的第一个过程。建立环境过程向风险识别过程提供输入，风险识别过程的输出是风险分析过程的输入。在风险识别过程中，应实施监测与评审、咨询与沟通过程。

实施风险识别的目的是识别可能会发生什么事件或可能存在什么情况。可能发生的事件或可能存在的情况将影响组织目标的实现[2]。

可能会发生什么事件是指可能发生的潜在事件，可能存在什么情况是指与可能发生的事件有关的各种因素，以及这些因素的现状。应注意的是，识别可能会发生什么事或可能存在什么情况都应与组织的目标相关联，并会影响组织目标的实现。

4.2　风险识别过程的主要内容

1. 识别潜在事件

前文已说明风险的特征之一是事件性，并指出一切风险都是由风险事件所触发的。因此，风险识别过程就是要识别可能发生的潜在事件，发现、辨认和描述对组织目标可能有影响的一切潜在事件。识别可能发生的潜在事件是风险识别过程的中心任务，是风险评估过程的开端，是实施风险分析、风险评价过程的必要前提。

风险识别术语的注 1 中指出了风险识别的四项基本内容：风险源、事件、原因、潜在后果。其中，事件是核心，只有明确了事件，才能针对特定的事件识别风险源、发生的原因和潜在的后果。此外，按照事件术语的定义，应注意可能发生的事件与组织目标的相互关系。

2. 识别风险源

风险源为风险管理领域中的术语，其定义为“可能单独或共同引发风险的潜在要素”。该术语的注释指出风险源可以是有形的，也可以是无形的。

在识别潜在事件的基础上，针对特定的事件识别事件的风险源。对一个特定的组织而言，应识别风险源是内部的还是外部的，这对组织具有重要的意义。当风险源为内部时，组织可从源头上采取相应的控制措施，实现改变风险事件发生的目的(这部分内容是组织实施风险管理的重点)。当风险源为外部时，组织不可能从源头上采取任何控制措施而对事件的发生施加影响，只能被动响应。

3. 识别风险原因

识别风险原因即识别潜在风险事件发生的原因。此处应区分风险原因与风险源两个不同的概念，“原因”对应的英语单词是“cause”，风险原因是指诱发风险事件的原因，是什么原因导致了风险事件的发生，所回答的问题是“为什么”(why)；“源”对应的英语单词是“source”，风险源是诱发事件发生的载体，所回答的问题是“什么”(what)[3]。以地震事件为例，很容易理解发生某次地震的震源与产生地震的原因是不同的概念。在某些情况下，对于特定的风险事件，风险源与风险原因可能不易区分。

对一个特定的组织而言，风险原因可分为外部原因和内部原因。识别风险原因是内部还是外部的，对组织具有重要的实际意义。当风险原因为内部时，组织可针对原因采取相应的控制措施，实现改变风险事件发生的目的(这部分内容是组织实施风险管理的重点)。当风险原因为外部时，组织不可能针对原因采取任何控制措施而对事件的发生施加影响，只能被动响应。

在风险管理的实践中，还涉及风险可控或不可控的概念。可控就是事件的风险源或风险原因在组织内部，组织可针对风险源或风险原因采取相应的控制措施，甚至改变风险源或风险原因，从而使事件的发生在组织的控制之下。而不可控就是事件的风险源或风险原因在组织外部，组织不可能采取相应的控制措施改变风险源或风险原因，此时一般情况下也不清楚风险源和风险原因是什么，也就不可能针对风险源或风险原因采取相应的控制措施。对于这种不可控的风险，不可能通过对风险源或风险原因采取措施来管理风险，只能通过风险后果对组织自身的影响程度来实施管理。

4. 识别后果

在识别潜在事件的基础上，对风险事件可能造成的后果进行识别。识别事件后果可能与风险源、风险原因有关，不同的风险源、风险原因可能造成不同的后果。组织识别事件后果时应注意后果对组织目标的影响，只有对组织目标有影响的后果才是组织要识别的后果。

在对事件后果的识别中，还有一项重要工作，即对事件后果的可能形态进行识别。后果的形态是指事件后果可能导致结果的种类划分。一个风险事件发生后，其后果的形态通常不止一种，因此组织应对事件后果的多种形态进行识别，尤其要识别重要的后果形态。以地震事件为例，其发生以后，人员伤亡、信息中断、房屋倒塌、桥梁受损、公路破坏、环境污染等都是地震后果的可能形态。后果形态可能是有形的，也可能是无形的。从风险管理上来讲，区分不同形态，关注重要形态具有重要的实际意义。

风险识别过程只是发现、辨认、描述可能的风险后果，并不涉及风险后果的严重程度问题。风险后果的严重程度要通过风险分析来完成。可以说，风险识别过程是对风险后果的定性识别，而对后果严重程度的定量认识是风险分析过程中的内容[4]。还应注意到，在风险识别过程中，要识别事件的后果，但没有识别事件发生可能性的内容。可能性不是识别的内容，而是分析的内容，也要通过风险分析过程来获得事件发生的可能性。

5. 识别后果的影响范围

在识别事件后果的基础上，识别后果可能影响的范围，即影响的范围有多大，是局部的，还是整体的。按照工作职能，包括可能影响的业务单元、部门、层次、人员等；按照空间，包括可能影响的区域、地点等；按照时间，包括影响的时间期限。应识别可能影响的组织各种利益相关方，尤其应关注对外部利益相关方的影响。

6. 识别后果的性质

后果的性质就是事件后果对组织目标影响的性质。在确定组织目标以后：事件的后果对目标有正面影响——机会，则后果具有正面性；事件的后果对目标有负面影响——威胁，则后果具有负面性。应注意，必须在确定目标的前提下，判定后果的性质。某一事件的后果对一个目标而言，其性质可能是正面的，但对另一个目标而言，其性质可能是负面的。一个事件可能有多种后果，一些后果对目标的影响可能是正面的，但另一些后果对目标的影响可能是负面的。

7. 识别控制措施

组织在识别风险事件、风险源、风险原因、潜在后果及其影响的范围、性质以后，应立即识别对该风险事件的可能控制措施。在风险识别阶段，对控制措施的识别包括两个方面：①对该风险是否已制定了控制措施，控制措施是什么？②若已制定了控制措施，该措施是否还在实施？

值得注意的是，一旦风险被识别，组织就应立即识别可能的控制措施，满足以上两项要求。这样做十分必要，因为风险随时都有可能发生，而且一旦发生，就可能对组织的目标产生影响。在这一意义上，需要对控制措施进行识别。未被识别出的风险当然不存在识别控制措施的问题，这就是识别风险要全面的意义所在。

控制措施的概念是什么？为什么在风险识别过程中除了要识别风险，还要识别控制措施？在风险评估过程中，对控制措施还有哪些要求？控制措施与风险应对有什么区别与联系？这些问题将在第 5 章风险分析集中论述。

4.3　风险识别过程的主要输出

在完成以上风险识别过程的主要内容以后，组织应编制一张风险清单作为风险识别过程的主要输出(表 4-1)，为风险分析过程提供输入。对于风险清单，应重点关注以下两个方面。

(1) 风险清单的全面性。风险清单所包含的风险应尽可能地覆盖对组织目标有影响的全部风险，不在清单中的风险将不会进入下一阶段的风险分析或风险评价过程。

(2) 风险清单的事件性。风险清单的建立是基于风险事件，风险事件是风险清单的核心内容。通过风险事件来对应可能的风险名称、风险分类、风险数量等，没有或缺乏风险事件描述的风险清单是有缺陷的，它不能满足风险评估对风险应对的输入需要。

表 4-1　风险清单的主要内容

①	②	③	④	⑤	⑥	⑦	⑧
风险名称	风险事件	后果形态	有无影响	影响性质	控制措施	风险源	风险原因
风险 1							
风险 2							
…							

表 4-1 是一张风险清单内容的举例，显示了风险清单应包括的主要内容[5]。表中，事项②风险事件是风险清单的中心内容，其他事项由它展开。在明确风险事件以后，应识别事件的后果、后果的影响、影响的性质，事项③、④、⑤就是记录这些内容的。

表 4-1 中事项⑥控制措施是风险清单中容易忽略的内容，应给予重视。前文已指出，一旦风险被识别，就应立即识别对该风险有无控制措施、该措施是否正在实施，这将影响后续的风险分析、风险评价过程。识别风险源、风险原因是在组织外部还是内部，对组织选择风险应对方式有极大影响，事项⑦、⑧明示了这一内容。

这里需要指出，就概念而言，风险清单中并不包括风险后果和发生可能性的数值表示(即 C 值和 P 值)。从风险识别过程的主要内容来看，作为风险识别过程的主要输出，风险清单不会含有这些内容。风险后果和可能性只有通过风险分析过程才可获得。

在实际工作中，还必须指出一个重要问题，以上风险清单应配合十分详细的附件，该附件对风险清单中的所有内容进行全面、详细的文字表述，这样便于风险清单的实际使用。例如，清单中的事项②风险事件，由于要对事件进行文字描述，而表格空间有限，故在清单中可只列出事件的名称，而在附件中给出各个事件的详细描述。再如，清单中的事项⑦风险源、事项⑧风险原因，一定要在附件中对所识别的内容做出详细的描述(如风险源在哪、风险原因是什么等)，才会使风险清单具有实际意义。以上提及对事件的描述，在此强调一点，因为不确定性是风险的基本属性，所以对风险事件必须将不确定性描述出来。可能发生的事件、对组织目标可能的影响才是风险管理要识别的事件，风险管理就是要对这种可能性进行人为的主动管理。

4.4　风险识别应关注的重要方面

前文已论述了风险识别过程所包含的主要内容。除此之外，组织在实施风险识别时，还应关注以下几个重要方面。

1) 风险识别的全面性

实施风险识别的一个重要原则是识别的全面性，即尽可能全面、完整地将风险识别出来，并将其列入风险清单。组织关注风险识别的全面性十分重要，因为在风险识别过程中未被识别的风险将不会进行后续的风险分析，当然也就不可能进入风险评价的范围。在风险识别过程中所遗漏的风险对组织而言可能意味着潜在的影响，一旦发生，将失去对风险的控制。

全面风险识别主要包括以下内容。

(1) 在风险评估的范围内实施风险识别。

(2) 风险事件的后果与目标的联系、对目标的影响程度。

(3) 组织的资源情况、对风险识别过程结果的预期。

(4) 历史的经验。

2) 风险识别的重点性

与全面性相对的是重点性。对一个组织而言，存在众多影响目标实现的不确定性，这些不确定性对目标的影响程度也会有很大差别。因此，组织在识别风险时，必须平衡全面性与重点性之间的关系。在坚持全面性的基础上，突出风险识别的重点，关注对目标有较大影响的特殊风险、重大风险、系统风险，以及它们的风险源、风险原因、后果的影响范围。对风险识别全面性、重点性的正确把握在很大程度上取决于风险评估人员对组织或行业的熟悉程度和理解程度。

3) 识别风险与识别风险源、风险原因的关系

风险识别包括对风险事件、风险源、风险原因的识别，但从识别的角度讲，这之间并不构成必然的联系。也就是说，不一定在识别风险源、风险原因的前提下来识别风险事件。对组织而言，在风险识别过程中识别出风险事件是最主要的。风险的风险源、风险原因经常是不明显的，难以辨别的，而且有些风险事件的风险源、风险原因并不在组织内部，或根本不在组织的控制之下，但组织不能因此就放弃对风险事件的识别，因为该风险事件仍可能影响组织目标的实现。例如，对全球性的金融危机而言，其风险源、风险原因显然与一个特定的经济实体无关，但这一风险事件爆发后，会严重影响这一经济实体。

4) 关注风险的传输作用

组织对风险的管理，一是要管理风险本身，二是要管理风险的传导链条，尤其对于系统风险，管理好传导链条是重中之重。经济全球化不确定性加剧的一个重要体现，是系统性风险日益突出，而系统性风险最突出的特征就是极大的传输作用。2008 年爆发的世界金融危机、我国的三鹿奶粉事件等无一例外是系统风险的发生，影响范围之大、后果之严重，实属罕见。在这种环境下，组织必须保持高度警惕性，识别系统风险，识别系统风险对自身的传输作用。

5) 关注风险的两种极端情况

在风险识别中，应关注两种极端的情况：一种是风险发生的可能性很低，但一旦发生，其后果极为严重；另一种是发生的可能性很高，但每次发生的后果严重程度都很低。无论是第一种情况的后果极其严重，还是第二种情况频繁发生所带来的后果累积效应，都会给组织造成重大影响[6]。

4.5 本章小结

本章首先给出风险识别的标准定义："发现、辨认和描述风险的过程"。在此

基础上，详细阐述风险识别过程的主要内容，即识别潜在事件、风险源、风险原因、后果及形态、后果的影响范围、后果的性质以及相关控制措施。此外，介绍风险识别过程的主要输出，风险清单是风险识别过程最为重要的输出形式，直接决定了后续风险分析、风险评价、风险应对的对象及范围；在制定风险清单时，风险评估人员应根据行业特点平衡好风险识别的全面性和重点性，并对两类极端风险事件进行重点关注。

参考文献

[1] International Standard Organization. ISO Guide 73: 2009 Risk management—Vocabulary[S]. Geneva: International Standard Organization, 2009.

[2] Haimes Y Y. Risk Modeling, Assessment, and Management[M]. 2nd ed. New York: John Wiley & Sons, 2004.

[3] Department of Urban and Transport Planning. Major Industrial Hazards Advisory Paper No. 3: Hazard Identification, Risk Assessment and Risk Control[R]. Sydney: Department of Urban and Transport Planning, 2000.

[4] Cai X, Lu J. Analysis of factors affecting serious roadway incidents in China based on Bayesian network[C]. 95th Annual Meeting of Transportation Research Board, Washington D.C., 2016.

[5] 李存建. 风险评估——理论与实践[M]. 北京：中国商务出版社, 2012.

[6] Rausand M. 风险评估：理论、方法与应用[M]. 北京：清华大学出版社, 2013.

第5章 风 险 分 析

本章对风险评估的第二子过程风险分析进行详细介绍。首先给出风险分析的概念，明确指出风险分析过程的主要内容，并强调采用定量或半定量的方法分析风险后果与可能的重要性。此外，本章还说明风险分析过程的主要输出以及应关注的重要方面，并进行相应的解释。

5.1 风险分析概述

风险分析是风险管理领域的重要术语[1]，其定义为“理解风险特性、确定风险等级的过程”。该术语后有两个注。

注 1：风险分析是风险评价和风险应对决策的基础。

注 2：风险分析包括风险估计。

风险分析是风险评估过程所包含的三个子过程之一，且是三个子过程的第二个过程。风险识别过程向风险分析过程提供输入，风险分析过程的输出是风险评价过程的输入。在风险分析过程中，应实施监测与评审、咨询与沟通过程。

从风险分析的定义看，风险分析过程主要有两个任务[2]，一个是对风险特性的理解，这可以通过风险分析中的各项内容来实现；另一个是确定风险等级。术语的注 1 指出风险分析过程与风险评价、风险应对过程之间的关系，即风险分析是风险评价和风险应对决策的基础。请注意风险应对之后的决策二字，风险应对的核心就是决策。注 2 指出风险分析过程中，有时需要对风险进行数值估计。正是基于对数值的估计，才能够深化对风险特性的理解。

实施风险分析的目的是通过风险分析过程建立对风险的理解，为风险评价、决策是否有必要进行风险应对、选择最恰当的风险应对策略和方法提供输入。

风险分析过程是风险评估过程的关键，只有通过风险分析过程才能建立、加深对风险的理解。没有风险分析过程中的各项分析，就不可能认识和理解风险的各种特性，如风险后果的严重程度、发生的可能性。在风险管理过程中，风险分析是建立对风险的理解最重要的过程。应注意的是，建立对风险的理解并不能仅局限于风险本身，对风险全面、深入的理解在很大程度上取决于组织对行业的了解和熟悉程度。

5.2 风险分析过程的主要内容

1. 分析潜在事件、风险源、风险原因

在风险识别过程中，已对可能发生的风险事件、风险源、风险原因进行了识别。风险分析就是从分析的角度，对风险事件、风险源、风险原因进行分析。一方面，对风险识别过程中已识别的风险事件、风险源、风险原因进行分析，得出是否正确合理的结论。另一方面，在风险识别过程中可能对风险事件、风险源、风险原因的识别有所遗漏，通过风险分析过程对其全面性进行分析，得出是否全面的结论。

2. 分析风险后果

在识别风险事件后果的基础上，对风险事件可能造成的后果进行全面分析。其主要内容如下[3]。

1) 后果的性质

对于特定的组织目标，事件后果对目标的影响是正面的，还是负面的。

2) 直接后果与间接后果

哪些是事件发生造成的直接后果，哪些是由直接后果导致的间接后果。分析直接后果与间接后果有利于组织选取正确的应对方式。

3) 后果的形态

在风险分析过程中，当进行后果分析时，应在对后果形态识别的基础上，对后果的可能形态进行分析。具体内容包括：形态划分是否正确，如经济损失、设施破损、人员伤亡、环境破坏等；对后果形态的重要性进行分析，并得出结论。

4) 后果的影响范围

分析后果可能影响到的利益相关方，包括对环境等方面的影响。

5) 后果的严重程度

分析风险事件的后果严重程度是风险分析过程中的重要内容。在风险分析过程中，将按照已建立的风险准则，对风险清单中的所有风险进行后果分析，得到风险后果的严重程度。本书将以 C 来表示后果的严重程度，C 的数值大小体现了风险后果的大小。

以上风险分析内容的“后果的形态”指出要分析后果的形态。在进行风险分析、应用风险准则分析风险后果的严重程度时，要对后果中不同形态的严重程度分别分析，得到不同形态下的不同严重程度。例如，对于地震事件，要获得死亡

人数、受伤人数、房屋倒塌数量、信息中断程度。在获得各种不同形态的后果严重程度以后，通过考虑不同形态的重要性而得到一个事件后果的严重程度。这部分内容参见第 6 章风险评价的相关论述。

6) 后果的升级

分析一个事件发生后，通过传输作用、连锁效应，初始后果的严重程度与影响范围是否会升级加重，升级的程度是多大。

3. 分析风险事件发生的可能性

在识别风险事件的基础上，对事件发生的可能性进行全面分析。其主要内容如下[3]。

1) 分析风险事件发生可能性的时机

分析风险事件发生的可能性应在识别并确定潜在风险事件、风险后果之后进行。

2) 分析风险事件发生可能性的范围

对风险清单中的任一风险事件，均应进行发生可能性的分析。

3) 风险事件发生可能性的严重程度

分析风险事件发生可能性是风险分析过程的重要内容之一。在风险分析过程中，将按照已建立的风险准则，对风险清单中的所有风险事件进行发生可能性大小的分析，得到风险事件发生可能性的严重程度。本书以 P 来表示风险事件发生可能性的严重程度，P 的数值大小体现了风险发生可能性的大小。

在以上对事件后果严重程度的分析中指出要对后果所含有的不同形态进行严重程度的分析，作为与后果并重的发生可能性，在分析其严重程度时，一般只针对事件，而不再区分不同的形态。因为通常情况下，事件发生的可能性就是后果中各种形态发生的可能性。例如，对于地震事件，某级地震在某区域发生的可能性与地震发生后其后果中某一形态发生的可能性是相同的，只是后果中不同形态的严重程度有很大差别。当然，这里指一般情况，可能在某种特殊情况下，不仅要区分后果形态的严重程度，还要针对不同的后果形态分析其不同的发生可能性。

4. 分析影响后果、可能性的各种因素

因为后果和可能性是风险的两个最突出的特征，所以分析可能影响后果和可能性大小的各种因素就显得尤为重要。通常可通过改变这些因素来改变风险及其大小。在影响因素的分析中，划分可控因素(通常在组织内部)和不可控因素(通常在组织外部)十分重要。

5. 确定风险等级

1) 风险等级的概念

风险分析术语中已明确指出"确定风险等级"。确定风险等级是风险分析过程中的重要内容。风险等级是风险管理领域的重要术语，其定义为"一个风险或组合风险的大小，依据后果和可能性的结合来表示"。

从以上定义可以看出，风险等级的意义就是风险的大小。风险的大小是人们的日常用语，风险等级是风险管理领域中关于风险大小所使用的术语。无论是一个风险还是组合风险，其大小都称为风险等级。由于风险等级代表风险的大小，故应以定量或半定量的方式来表示。

2) 风险等级的表示

在本书的前几章中，已说明后果和可能性是风险两个最突出的特征，此处的风险等级术语指出以风险的后果和可能性这两者的结合来表示风险等级[4]。应注意"结合"二字，不能使用后果或可能性两者之一来表示风险等级，必须结合使用两者来表示风险等级。

如果用 R 来表示风险等级，用 P 来表示发生的可能性，用 C 来表示后果，则风险等级 R 的一般表达式可写为

$$R = f(P,C) \tag{5-1}$$

式中，风险等级 R 为可能性 P 和后果 C 的函数，综合考虑 P 和 C 的取值可以获得风险等级 R 的大小。$f(P, C)$的具体形式体现了 R 对 P、C 的结合方式，并且结合的方式可以有多种，可以是明确的，也可以是隐含的。

根据风险等级的说明可以看出，P 和 C 体现了风险事件发生的可能性和后果，但并不能体现风险的大小。只有将 P 和 C 结合起来，确定了结合方式，风险等级才有明确的意义，风险大小也就有了确定的意义。

3) 总风险等级

对组织的风险进行风险识别，识别出若干个风险，并经风险分析获得这些单个风险的风险等级。在实际过程中，组织的总风险等级是其管理决策的重要依据。一般而言，组织的总风险等级 R 可由式(5-2)计算得到：

$$R = \sum_{i=1}^{n} \rho_i R_i \tag{5-2}$$

式中，R_i 为组织中某一风险的风险等级；i 为风险的序号；n 为风险的总数；ρ_i 为第 i 个风险在总风险中所占的权重，即该风险在组织整体中所起作用的重要程度。

在没有其他数据支持的情况下，权重可通过式(5-3)计算得到：

$$\rho_i = \frac{R_i}{\sum_{i=1}^{n} R_i} \tag{5-3}$$

式中，$\sum_{i=1}^{n} R_i$ 为组织中各个风险的风险等级之和。

举例：假设某个组织中有四个风险，经风险分析后，四个风险的风险等级(风险大小)分别为 8.74、12.37、13.89、17.62。求解组织中各个风险所占的权重及其总风险等级。

按照式(5-2)和式(5-3)，计算结果见表 5-1，得到该组织的总风险等级 R 的数值为 13.928(注：实际工作中，将此总风险等级 R 输入风险评价过程，即可获得该风险的重要程度。组织已制定了不同重要性风险的不同风险应对方式，此时可针对具体的 R 值，对该组织实施风险应对决策)。

表 5-1　组织总风险等级计算举例

类别	风险 1	风险 2	风险 3	风险 4
风险等级 R_i	8.74	12.37	13.89	17.62
权重 ρ_i	0.166	0.235	0.264	0.335
$\rho_i R_i$	1.451	2.907	3.667	5.903
总风险 $R=\sum \rho_i R_i$	13.928			

6. 评价控制措施

在风险识别阶段，本书已指出识别控制措施的两个方面：

(1) 对该风险是否已制定了控制措施，控制措施是什么？

(2) 若已制定了控制措施，该措施是否还在实施？

在识别控制措施的基础上，风险分析过程对控制措施的分析内容如下：

(1) 控制措施对风险分析的影响。

(2) 控制措施的有效性和效率。

本书在第 4 章就提出了为什么要识别控制措施的问题，这里又提出要对控制措施进行评价。事实上，控制措施不仅是风险识别和风险分析中的重要内容，也是风险评估过程的重要内容，且在整个风险管理过程中具有极其重要的地位。在以往的风险评估活动中，很少将控制措施纳入其研究范围，就其概念和内容而言，也是较新颖的。鉴于此，本书对控制措施及其相关问题进行专题性的论述，希望对此有一个正确、全面的认识和理解。

1) 控制的概念

在 ISO 指南《风险管理　术语》(GB/T 23694—2013/ISO Guide 73: 2009)中，控制被定义为“正在改变风险的措施”[1]。可以看出，控制一词的落脚点是措施。因为措施是可数的，所以在 ISO 的三个风险管理标准中，当出现控制一词时，也常常使用复数形式(controls)，对此翻译成控制措施也是可以接受的。

除明确控制是指措施外，术语中另一个关键词是“正在改变”，对风险的控制措施是正在改变风险的措施，即只要控制措施在实施过程中，该措施就在改变风险，而一旦撤去控制措施，风险的大小也将发生变化。

2) 控制措施影响风险分析

在明确控制措施的概念以后，就容易说明为什么在风险分析过程中要对控制措施进行评价，为什么控制措施会影响风险分析的结果。

在没有控制措施时，风险的后果和可能性事实上都对应一个确定的 C 值和 P 值。当实施控制措施后，有可能改变 C 值或 P 值。例如，在财务工作中，如果应该实施岗位制衡的两个岗位并未实施岗位制衡，这种风险本身所造成的后果是十分严重的，发生的可能性也很大。当对此没有建立或实施相应的控制措施时，在风险分析过程中，就会将这一风险所对应的风险后果 C、发生可能性 P 定为较高的数值(通常在 P、C 准则中，数值越大，严重程度越大，详见第 6 章)。但若组织建立并实施了相应的控制措施(如实施了岗位制衡)，则这一风险发生的后果和可能性都将变小。在风险分析过程中，对风险 C 值、P 值的评定是十分重要的内容，从这一意义上讲，控制措施会影响风险分析的结果。

3) 评价控制措施的有效性和效率

有效性定义为“完成策划的活动和达到策划结果的程度”[5]，即有效性意味着达到预期目标的程度。效率定义为“达到的结果与所使用的资源之间的关系”[5]。可以看到，效率与有效性之间有密切的关系。实现预期的目标，必然要使用一定的资源。效率一词所关注的就是取得预期目标与所使用资源之间的平衡关系。严格来讲，有效性和效率这两个词总是成对出现，欲实现目标，必使用一定的资源，但是为实现预期目标而过分使用资源或资源不足而影响预期目标的实现都是不可取的。

明确有效性和效率的概念以后，就容易理解要在风险分析过程中评价控制措施的有效性和效率的原因。实际工作中，所建立和实施的控制措施是否真实地将后果 C 值、可能性 P 值降下来，降低的程度是否达到预期，这便是控制措施的有效性问题。如果 C 值、P 值的降低达到了预期，但制定和实施控制措施所使用的资源过大，这便是控制措施的效率出现问题。对控制措施的评价必须考虑有效性和效率两个方面，在风险管理过程中，统筹有效性和效率尤为重要，既要管控特定生产过程中的风险，也要兼顾特定生产过程能够顺利进行。

4) 控制措施影响风险评估对风险应对的输入

在实施控制措施以后，变化的 C 值或 P 值将改变风险等级 R，因为 C 和 P 的结合将决定风险等级 R。有了风险等级 R 的数值，就可以依据某种规则对风险进行排序，并在排序的基础上进一步做出风险重要性的划分。风险的排序、重要性划分是对风险应对过程的重要输入。继续使用以上财务工作的举例，当未实施岗位制衡时，该风险的重要性极高，可能需要极大的资源来进行风险应对；实施岗位制衡后，只要该控制措施还在实施，就总是正在改变风险(相对未实施控制措施)，如此，可能不需要再选择和采用任何风险应对。

7. 内部控制的意义

在我国国家标准《风险管理　原则与实施指南》(GB/T 24353—2009)中出现了内部控制一词，而在 ISO 标准《风险管理　指南》(ISO 31000: 2018)中，未明确出现内部控制一词，并且在《风险管理　术语》(GB/T 23694—2013/ISO Guide 73: 2009)的 50 个术语中，也未将内部控制一词列入其中。因此，有必要就“内部控制”谈谈本书的认识与理解。

本书认为《风险管理　术语》(GB/T 23694—2013/ISO Guide 73: 2009)中的控制已基本涵盖了内部控制应具有的意义。该标准中，内部一词被定义为“一个特定的组织”，控制一词被定义为“正在改变风险的措施”，如果将内部(internal)与控制(control)组合在一起，就可得到内部控制(internal control)一词的基本释意“组织正在改变风险的措施”，即在组织内部建立并实施的控制措施。内部控制的实施主体是组织，核心内容是控制。

为进一步加深对内部控制一词的认识，这里将其与风险应对一词做比较，或许可以从另一侧面帮助我们理解内部控制的概念。

风险应对是一个过程，而控制是一种措施，是“正在改变风险的措施”。若是过程，就会有过程的展开顺序，风险应对过程要按照风险管理过程的图示进行展开，在完成风险评估过程以后就将进入风险应对过程。因此，就风险管理过程而言，风险应对是其中的一个阶段(满足其前后的输入输出关系)。由于控制不是一个过程，故没有所谓的实施顺序问题，只要一个风险被识别，就要有相应的控制措施，就必须建立并实施该控制措施。例如，处于风险评估阶段，还未进入风险应对过程，大部分风险都正在对其实施相应的控制措施。这里体现了内部控制与风险应对在实施阶段、实施序列上的区别。

就目的而言，风险应对和控制都是要改变风险。但风险应对是将要改变，即还没有改变，是在进入风险应对过程，并实施了风险应对方式以后，才会改变风险。而控制是正在改变风险，在风险管理过程的任何阶段，控制措施一般都会实施，这就导致其总是在改变风险。

在此，进一步理解为什么在风险评估阶段要评价对风险的控制措施，以及实施控制措施与风险应对的关系。在风险评估阶段评价控制措施，如果评价的结果满意，将这一结论输入风险应对过程，可能就不需要采取新的风险应对(这就是《风险管理　指南》(ISO 31000: 2018)中所提到的，在风险评估以后，可能导致不采取任何风险应对的决定)；如果评价的结果不满意，将这一结论输入风险应对过程以后，可能导致要建立和实施新的风险应对。注意，风险应对作为一个过程，其真实含义就在于此。

在实际工作中，大家十分关注的一个问题是内部控制与风险管理的关系。就风险管理而言，本书十分强调风险管理的全过程、连贯性与整体性。就内部控制而言，本书已对其进行了比较详细的论述(包括其与风险应对的区别与联系)。因此，尽管本书没有对内部控制与风险管理的关系进行专题性的论述，但在阅读以上内容后，相信对关心这一问题的读者有一定的帮助，本书对内部控制的概念、在风险管理中所处的地位等有关问题已经做出了明确的论述。

8. *分析风险之间的关系*

组织所面对的各种风险可能存在一定的关联，在风险分析过程中，组织应对风险之间的可能关系进行分析，以实现对风险的有效控制[6]。风险之间的一种可能关系是风险组合。风险组合是风险管理领域中的术语，是将各种风险进行优化组合，以达到减少整体风险损失的目的。

从风险组合的定义看，组合后的风险是一个风险，一个风险就可以有一组确定的(P, C)值，明确 P 值和 C 值的结合方式以后，就可以获得组合后一个风险的风险等级 R。P、C、R 描述了风险组合的可能性、后果、风险等级。在建立风险组合关系时，组织应明确多个风险通过什么方式组合成一个风险。

从风险管理的实际状况看，对风险组合既缺乏理论上的深入研究，也缺乏实践上的成功案例。在投资或金融系统中，有风险对冲一词，它是指风险之间的一种关系，也属于风险组合的范畴。但是风险对冲似乎负面的影响要大于正面的影响，甚至有人就将风险对冲认为是 2008 年以后爆发世界范围内金融危机的主要原因之一。

9. *初步分析*

以上论述的风险分析是按照风险管理过程而进行的风险分析，是一种常见的、常规的、按程序的风险分析。在实践中，还有一种称为初步分析的风险分析。初步分析是对风险事件进行筛选，识别出最重大的风险而把不太重要的、较小的风险排除[7]。初步分析的目的是确保组织的资源能聚焦于最重要的风险。通过初步分析可以得出以下内容。

(1) 无须进一步评估直接决定实施风险应对。无论从历史经验还是从实际情况看，有些风险并不一定要经过建立环境和风险评估的过程，再根据评价结果决定是否实施风险应对。若对风险事件进行风险应对是显然的、共识的，应立即实施风险应对。

(2) 搁置暂不需要应对的不重要风险。通过初步分析，还应决定哪些风险暂时是不重要的，即不需要立即对其实施风险应对。

(3) 继续进行更细致的风险评估。对于某些风险，不能通过初步分析来决定立即实施风险应对(以上第(1)项)，或不需要立即实施风险应对(以上第(2)项)，则需要对其进行更为细致的风险评估。

通过以上对初步分析的说明可以看出，在正式的风险分析之前，应有一个初步分析的过程。初步分析的中心任务是决定哪些风险需要立即实施风险应对、哪些风险不需要立即实施风险应对。当某些风险不能确定是否进行风险应对时，应进入正式的风险评估过程。

5.3 风险分析过程的主要输出

经过风险分析过程，组织应输出以下几个主要内容。

(1) 风险的 P 值、C 值。组织根据建立的 P 准则和 C 准则(见第 6 章)，将风险后果的严重程度(C 值)和可能性的严重程度(P 值)评定出来。评定的范围应覆盖风险识别过程输出的风险清单中的所有风险。

(2) 风险的风险等级 R。在组织的风险准则中，有一项重要内容就是确定后果 C 和可能性 P 的结合方式 $R(P, C)$以确定风险等级 R。在获得风险清单中所有风险的 P 值和 C 值以后，依据风险准则中的这一项内容，组织可以确定风险清单中所有风险的风险等级 R。

(3) 控制措施对风险分析的影响。

(4) 控制措施的有效性和效率。以上已详细说明了在风险分析过程中评价控制措施的意义和重要性。这是继风险识别过程输出风险清单中识别是否有、是否正在实施控制措施以后，对控制措施的评价。因为一旦风险被识别，就应识别其控制措施，故以上两项内容也应覆盖风险清单中的所有风险。

(5) 风险源、风险原因在组织外部或内部。这是继风险识别过程输出风险清单中识别风险源、风险原因在组织外部或内部以后，最终得到风险清单中所有风险的风险源、风险原因在组织外部或内部的结论。

(6) 初步分析的结果。如果组织进行了风险的初步分析，应根据以上对初步分析所论述的有关内容，形成输出结果。

5.4 风险分析应关注的重要方面

以上论述了风险分析过程所包含的主要内容。除此以外，组织在实施风险分析时，还应关注以下几个重要方面。

1) 加深对业务过程的理解

风险分析的目的是建立对风险的理解，但对风险的理解不仅取决于对风险本身的理解，更依赖于对该风险所涉及的业务过程的理解。根据风险管理的嵌入性，风险分析一定是对特定业务过程中的风险进行风险分析，风险的特性与业务过程密切相关，只有熟悉、理解特定的业务过程，才能在业务过程中实现对风险的深入理解。

2) 风险分析应反映过程输出的作用与目的

在风险分析的术语中已明确了风险分析为风险评价和风险应对的决策提供基础与准备。因此，在风险分析时，必须考虑风险分析过程输出的作用与目的。风险评价的核心问题是确定风险的重要程度，风险应对的决策包括决定哪些风险有必要进行应对、应对的优先顺序和所选择的应对方式。风险分析的内容和结果应满足这些要求。

3) 风险分析所采用的度量标准应与风险准则相一致

在实施风险分析时，应关注风险分析与风险准则的一致性。重点关注在风险准则中，关于后果的准则(C 准则)和可能性的准则(P 准则)是如何建立的，其明确的意义是什么。在一般情况下，对 P 值、C 值的确定应符合风险准则的要求。风险的后果与可能性的结合方式、确定风险等级的要求也是组织风险准则中的重要内容。在确定风险等级时，应与风险准则的要求保持一致。

4) 风险等级的先决条件、假设、敏感性

在风险分析中，确定风险等级是一项重要内容，是对风险评价过程重要的输入，风险评价过程是在此基础上进行风险的重要性划分。因此，研究并确定风险等级的先决条件、假设及其敏感性分析至关重要。

5) 风险分析的详略程度

风险分析的详略程度没有统一的标准，组织应根据自身的情况，确定风险分析的详略程度。确定风险分析详略程度应考虑的主要因素如下。

(1) 业务过程的复杂程度及其对业务过程的熟悉与理解程度。

(2) 风险的复杂程度。

(3) 组织的资源，如可获得信息、可参与的专家等情况。

(4) 与风险评价相适应的风险分析的输出目的。

5.5 本章小结

本章将风险分析过程定义为“理解风险特性、确定风险等级的过程”。该术语后有两个注：①风险分析是风险评价和风险应对决策的基础；②风险分析包括风险估计。在此基础上，说明风险分析过程的主要内容，即分析潜在事件、风险源、风险原因，分析风险的后果与可能性，分析影响后果与可能性的各种因素，确定风险等级，以及评价控制措施等。此外，还强调初步分析在风险分析过程中的重要地位。最后，还对风险分析过程的主要输出内容和注意事项进行详细阐述，即风险分析过程应加深对研究对象的理解，其输出内容要考虑风险评价和风险应对决策的需要。

参考文献

[1] International Standard Organization. ISO 31000: 2018 Risk management—Guidelines[S]. Geneva: International Standard Organization, 2018.

[2] Suddle S. The weighted risk analysis[J]. Safety Science, 2009, 47(5): 68-679.

[3] 李存建. 风险评估——理论与实践[M]. 北京：中国商务出版社, 2012.

[4] Cai X, Wang C, Chen S D, et al. Model development for risk assessment of driving on freeway under rainy weather conditions[J]. PLOS One, 2016, 11(2). DOI: 10.1371/journal.pone.0149442.

[5] 中华人民共和国国家质量监督检验检疫总局，中国国家标准化管理委员会. GB/T 19000—2016/ISO 9000: 2005 质量管理体系　基础和术语[S]. 北京：中国标准出版社, 2016.

[6] Federal Highway Administration. P3-Value: Risk Assessment Tool User Manual[R]. Washington D.C.：U.S. Department of Transportation, 2013.

[7] Rausand M. 风险评估：理论、方法与应用[M]. 北京：清华大学出版社, 2013.

第6章 风 险 评 价

本章对风险评估的第三子过程进行详细介绍。首先给出风险评价的概念，明确指出风险评价过程的主要内容，并对其进行详细论述。在风险评价过程中，风险准则具有极为重要的地位，本章对风险准则进行全面、深入的论述，包括风险准则的概念，建立风险准则的依据、来源、时机、前提，通过风险准则应解决的问题等。此外，本章明确提出风险评价过程最重要的输出是基于风险带的风险图谱这一重要论断，为风险评价过程向其后的风险应对过程提供输入、明确具体所指，也体现了风险管理的连贯性。

6.1 风险评价概述

风险评价是风险管理领域中的重要术语，其定义为“将风险分析的结果与风险准则相比较，以决定风险和/或其大小是否可接受或可容忍的过程”[1]。该术语后有一个注：风险评价有助于风险应对决策。

风险评价是风险评估过程所包含的三个子过程之一，且是三个子过程的第三个过程。风险分析过程向风险评价过程提供输入，风险评价过程的输出即风险评估过程的输出，为风险应对过程提供输入。在风险评价过程中，应实施监测与评审、咨询与沟通过程。

在风险评价的定义中，关键词是比较，它将“风险分析的结果与风险准则相比较”，比较成为风险评价过程的中心任务。风险评估的进程到了风险评价阶段，风险分析过程已结束，故风险分析的结果已形成。仅有风险分析的结果还不能实现比较，还需要有风险准则。本书在第 3 章风险管理过程中已说明，风险准则作为组织建立的四种环境之一，在风险评估过程之前已建立。

在术语定义的阐述中，“决定风险和/或其大小是否可接受或可容忍”给出了非常重要的信息，实际上明确了风险评价过程中最重要的两项内容：决定风险接受度与风险容忍度。从术语的内容看，风险的重要性主要体现在将组织的风险分为风险接受与风险容忍。就组织的管理而言，所面对的风险可用可接受、可容忍或不可接受、不可容忍来划分，通过风险评价过程，做出这一决定，实现对风险应对的正确输入。

此外，在风险评价的阐述中，出现了风险准则、风险接受、风险容忍，这三个用词皆为风险管理的重要术语，也是十分重要的概念。其定义及其相关论述详见下文。

风险评价的目的是协助制定风险应对决策，即基于风险评价的结果做出正确的风险应对决策。风险应对决策的主要内容包括：哪些风险需要应对、实施应对的优先顺序和所选择的应对方式。风险评价要满足风险应对过程的这些输入要求。需要注意的是，风险评价的目的是协助决策，不是实施决策。实施决策是风险应对过程的内容。

6.2 风险准则

风险准则是风险管理领域中极为重要的概念，在组织的风险管理中占有极其重要的地位。本节对风险准则这一重要内容进行集中论述。

1. 风险准则的概念与认识

风险准则是风险管理领域中的重要术语，其定义为“评价风险重要性的依据”。该术语有两个注。

注 1：风险准则的确定需要基于组织的目标、外部环境和内部环境。

注 2：风险准则可以源自标准、法律、政策和其他要求。

具体从以下七个方面认识风险准则的概念[2]。

(1) 在实施风险评估过程前，组织应建立风险准则。风险准则是风险管理过程中首个过程建立环境中所要求的，而不是风险管理框架中的一个构成。风险管理过程是针对特定业务过程的风险实施管理。因此，就概念而言，风险准则是就特定业务过程中所出现的风险而建立的风险准则，而不应该是不明确特定业务过程的一般的、笼统的风险准则。不明确特定的业务过程，不针对特定业务过程中的风险事件，风险准则的建立无据可依，风险准则的实施亦无针对性。对一个组织来说，由于业务过程多样、复杂，不可能使用一个风险准则去评价所有风险。

(2) 风险准则是评价风险重要性的依据。通过风险分析的结果与风险准则相比较，得到对所评价风险的重要性划分。所以说，在风险评价过程中，获得风险的不同重要性是中心内容。

(3) 评价风险的重要性是向风险应对提供输入的需要。作为风险应对之前的一个过程，风险评价向风险应对提供输入，而风险应对的基础是风险的重要性划分，组织可根据风险准则来对风险的重要性进行分析、判断，以满足风险应对的输入要求。

(4) 风险准则所含有的内容较广泛，涉及风险管理的各个方面。组织的风险准则应在风险管理框架中做出相应的安排。风险准则的应用不限于风险评价过程，而是贯穿于整个风险管理过程。

(5) 术语定义的注 1、注 2 指出了建立风险准则的时机、可能的出处，详见下文。

(6) 组织的风险准则应以文件的形式给予规定。可用一个或多个文件来描述风险准则的内容。

(7) 风险准则中有两个核心准则，即 *P* 准则、*C* 准则。组织的 *P* 准则和 *C* 准则通常以表格的形式体现。为使准则有效、准确，应对 *P* 准则和 *C* 准则的表格配以附件，以文字的形式对 *P* 准则和 *C* 准则进行详细、全面的说明。有关 *P* 准则和 *C* 准则的举例见下文。

2. 建立风险准则的依据

风险的重要性不仅取决于组织的内部环境，也可能取决于组织所处的外部环境。因此，组织在建立风险准则时，应考虑内部环境和外部环境两个方面。

1) 外部环境

组织建立风险准则的外部环境主要是指有关风险管理的外部法律、法规、相关政策等其他要求。

(1) 国际标准。

国际标准化组织正式发布的风险管理标准，如《风险管理　指南》(ISO 31000: 2018)[3]等。

(2) 国家标准。

我国所发布的风险管理标准，如《风险管理　原则与实施指南》(GB/T 24353—2009)[4]等。

(3) 行业、有关部门所发布的风险管理指引与规范。

(4) 其他有关风险管理的指南、框架、法案。

(5) 行业内可获得的风险准则。

2) 内部环境

组织建立风险准则的内部环境依据主要包括以下内容。

(1) 组织内部有关风险管理、内部控制的文件。组织的这些文件应包括制定风险准则的要求。

(2) 组织内部的各种管理文件。本书始终强调在明确业务过程的前提下实施风险管理过程。需要明确、规定、熟悉业务过程，才能识别业务过程中的风险，判断风险的重要性等。业务过程的管理文件是组织建立风险准则的重要依据，应给予重视。

3. 风险准则的可能来源

组织的风险准则可能来源于以下五个方面。

(1) 过程的目标，包括业务过程、风险管理的目标。

(2) 组织在有关文件中已识别的准则，如合同、设计图纸、各种制度等。

(3) 通用的数据源，如信息网、行业的信息发布等。

(4) 普遍接受的行业准则，如行业的安全准则等。

(5) 对特殊设备或用途的法律及其他要求。

4. 建立风险准则的时机

对于组织建立风险准则的时机，应注意以下内容。

(1) 在风险管理的框架中做出安排。组织在建立风险管理框架时，应对组织内所需建立的风险准则提出总体性要求，对相应事项(如过程、职责、资源等)做出安排。

(2) 在实施风险管理过程的开始建立风险准则。在实施风险管理过程的开始就应建立与业务过程相对应的风险准则。风险管理过程的第一项内容是建立环境，其中一项重要的内容就是建立风险准则。

(3) 在建立风险管理过程之后建立风险准则。在实施风险管理过程的开始，首先要建立组织的外部环境、内部环境、风险管理过程的环境和风险准则四种环境。要特别注意在建立风险管理过程的环境之后建立风险准则。风险管理过程的环境是组织风险管理文化的集中体现，这一环境对风险准则建立尺度的松或紧具有重要影响。相同的业务过程，风险管理过程的环境不同会产生不同的风险准则。

5. 建立风险准则的前提

组织建立风险准则的前提如下。

(1) 明确风险准则所对应的业务过程。风险准则作为风险管理过程中的重要文件，针对的是特定的业务过程，只有明确特定的业务过程，才能确定管理风险的范围。识别相应的风险事件，才能进行风险的重要性划分。

(2) 明确组织的风险偏好。风险偏好是组织建立风险准则的基础，在建立风险准则之前，应明确组织的风险偏好(实践中，将风险偏好纳入风险准则的内容，风险准则本身能够体现组织的风险偏好)。风险偏好是风险管理术语，其定义及说明见下文。

6. 风险准则应决定的内容

通过风险准则，组织应对如下事项做出决定。

(1) 风险后果的性质。
(2) 风险后果的形态。
(3) 如何测量后果的严重程度。
(4) 如何测量风险发生的可能性。
(5) 如何决定风险等级。
(6) 决定风险需要应对的准则。
(7) 决定风险可接受、可容忍的准则。
(8) 考虑是否、如何进行风险组合。

7. 风险准则的内容

1) 组织的风险偏好

(1) 风险偏好。风险偏好是风险管理的术语，其定义为“组织愿意寻求或保留的风险数量和种类”。从术语的阐述看，风险偏好主要指组织管理风险的数量和种类，这与通常理解的风险偏好主要指风险激进或保守等是不同的。

(2) 风险准则应体现组织的风险偏好。在风险准则中应明确管理风险的种类和数量。

(3) 应明确风险分类的依据。风险分类的依据应该是风险事件。在分类的基础上进行风险的分级，如一级、二级、三级等。组织应对分级的依据做出规定和描述。在风险分类、分级的基础上，确定风险的数量。

(4) 组织的风险清单可体现组织的风险偏好。在组织的风险清单中，通常含有风险种类和数量的内容，故风险清单可体现出组织的风险偏好。

(5) 风险偏好与业务过程的关系。风险偏好可能是针对一个特定业务过程的风险偏好，也可能是综合组织各个业务过程的风险偏好。但风险偏好一定来源于组织的业务过程。

2) 风险后果的性质与形态

(1) 后果的性质。给出对风险事件后果性质的判定依据。在确定过程和过程目标以后，判定事件后果对目标影响是正面的，还是负面的。

(2) 后果的形态。对如何划分风险后果的形态做出规定。

3) C 准则

C 准则是风险准则中的核心内容，涉及的内容较多，鉴于其在风险管理实践中所占有的重要地位，在 6.3 节对 C 准则进行集中论述和举例。

4) P 准则

P 准则是风险准则中的核心内容，涉及的内容较多，鉴于其在风险管理实践中所占有的重要地位，在 6.4 节对 P 准则进行集中论述和举例。

5) 后果、可能性的时限

时限即风险事件发生的时间敞口，在多长的时间内可能发现风险。

(1) 时限与所制定的目标有关。本书强调对目标的影响，而组织从建立目标到实现目标要经过一定的时间，从这一意义上讲，这段时间是风险事件发生可能性与后果的最大时限。

(2) 时限与风险的大小。一般情况下，时限越长，风险越大；时限越短，风险越小。

(3) 时限体现了风险与时间的关系。风险是变化的，风险管理是动态的管理。组织在实施风险管理时，应关注时间这一变量，适时地做出风险管理的正确选择与决策。

6) 如何确定风险等级

如何确定风险等级是风险准则中最重要的内容之一。

(1) 确定风险等级在建立 P 准则、C 准则之后进行。

(2) 规定可能性(P)与后果(C)的结合方式，以获得风险等级 R 的数值。

(3) 后果与可能性的结合方式可以有多种。

在风险管理实践中，广泛使用风险矩阵法。在风险矩阵法中，一般使用可能性(P)与后果(C)乘积的结合方式。此时，风险等级 R 可具体表示为

$$R = P \times C \tag{6-1}$$

任一风险在获得其 P 值和 C 值的大小之后，即可由式(6-1)计算出该风险的风险等级数值。

7) 风险带

风险带是指以横坐标 P 和纵坐标 C 所构成的二维平面上的一个封闭区域，该区域中的风险具有特定意义。

(1) 三个重要的风险带。

在风险管理中，以下三个风险带具有实践意义。风险上带：无论能带来什么利益，风险带中的风险都是不可容忍的，无论应对成本有多大，都必须应对。风险中带：该风险带中的风险，要考虑实施风险应对的成本与收益，平衡好潜在的机会与威胁。风险下带：该风险带中的风险微不足道，或者风险如此之小以至于无须采取风险应对。

(2) 风险带的划分方法。可通过不同风险等级数值的风险等位线来建立不同的风险带。

(3) 划分风险带是风险评价过程的重要内容。风险带是风险重要性的具体表现，不同风险带中的风险具有不同的重要性。风险带的划分是表示风险重要性的一种方式。

(4) 风险按风险带实施管理。在划分风险带之后，组织的风险分别处于所划分的不同风险带中。针对处于不同风险带中的风险，组织可实施有区别的风险管理。

(5) 风险带与风险应对的关系。一般情况下，不同重要性的风险会采用不同的风险应对方式。因此，位于同一风险带中的风险(其重要性相同)，宜采用同一种风险应对方式。组织在选择风险带的数量时，应考虑风险应对方式的种类与数量。

表 6-1 显示了不同风险带所对应的风险应对方式及原则。表中针对风险带还区分了可控与不可控，其意义在第 4 章中已说明。此外，针对三个风险带提出了不同的风险应对原则，这是对风险应对方式的补充说明。

表 6-1　风险带与风险应对方式的关系[5]

风险带		风险应对方式	风险应对原则
风险上带	可控	风险控制 风险转移 风险规避 其他	优化现有内控制度和流程，使该风险的剩余风险落入低风险范围内。若无法将剩余风险降低到低风险范围内，则可考虑寻求外部单位分担该风险；若剩余风险仍较大，则考虑规避该风险
	不可控	风险规避 风险转移 风险控制 预案或其他	考虑规避风险，若无法规避则可寻求外部单位分担该风险，或制定事前、事中、事后应对方案，并建立预警指标体系，保持定期跟踪
风险中带	可控	风险控制	优化现有内控制度和流程，将风险负面后果及发生概率最小化，正面后果及发生概率最大化，使该风险的剩余风险落入低风险范围内
	不可控	风险转移 风险控制 预案	制定应急预案和预警指标，保持定期跟踪，推迟、避免风险的发生或降低风险影响程度
风险下带	可控	风险接受	保持现有内控力度不放松，或贯彻执行相关内控措施
	不可控		制定风险事后应对方案

8) 决定“风险接受”、“风险容忍”

(1) 风险接受与风险容忍的定义。

风险接受是风险管理领域中的重要术语，其定义为“承担某一特定风险的决定”[1]。该术语后有两个注。

注 1：风险接受可以不经风险应对，也可以在风险应对过程中发生。

注 2：接受的风险要受到监测和评审。

风险容忍是风险管理领域中的重要术语，其定义为“组织或利益相关者为实现目标在风险应对之后继承风险的意愿”[1]。该术语后有一个注：风险容忍会受到法律法规要求的影响。

(2) 对风险接受与风险容忍概念的认识。

对以上两个术语的认识与理解，关键是它们与风险应对的关系。

在风险容忍的阐述中，明确了“在风险应对之后”，即对风险是否可以容忍针对的是风险应对。实施风险应对之后组织可以承担的风险，就是可容忍的风险；实施风险应对之后组织仍不能承担的风险，就是不可容忍的风险。应重视该术语的注，风险容忍不一定完全由组织内部判定，还可能受到组织外部各项法律法规要求的影响。

术语风险接受与是否实施风险应对无关，在定义中，未显示出风险应对。在其注 1 中更明确指出“风险接受可以不经风险应对，也可以在风险应对过程中发生”。理解术语风险接受的关键词是“决定”，是组织承担特定风险的决定。对一个组织而言，这种决定通常应是文件化的。由于可接受的风险可能未经风险应对，故定义的注 2 指出“接受的风险要受到监测和评审”，这显然十分必要。

(3) 决定风险接受与风险容忍的风险等级。

风险是否可接受、可容忍指的是风险大小，而风险大小等价于风险等级。因此，就概念而言，风险接受、风险容忍属于风险等级的范畴，满足风险等级的一般定义，只不过是赋予特殊意义下的两类风险等级。对于风险等位线，当赋予风险接受、风险容忍的特殊意义时，风险等位线就成为风险接受线(A 线)、风险容忍线(T 线)。组织在风险准则中，应决定风险接受、风险容忍的风险等级大小，并对其进行清晰阐述。

(4) 建立风险接受带与风险容忍带。

可使用建立风险带的一般方法来建立风险接受带和风险容忍带，只需要对一般的风险等级 R 赋予特定的意义——风险接受(以 R_A 表示)、风险容忍(以 R_T 表示)，并做出相应的风险等位线——风险接受线(A 线)、风险容忍线(T 线)。

9) 风险组合

在组织的风险准则中，应对是否进行、如何进行风险组合给出要求、做出安排。风险组合应以组织的风险偏好为基础，满足风险组合的相应条件。

10) 利益相关者的意见

风险管理中，组织对其利益相关者的管理至关重要。因此，在风险准则的有关内容中，应体现利益相关者的意见。例如组织在确定风险偏好时，应与利益相关者沟通，征求他们的意见，因为他们的风险偏好可能与组织的风险偏好不同。

8. 风险准则的评审

要明确评审的概念(见第 3 章)。组织应对所建立的风险准则进行持续性的评审。

1) 评审的内容

建立和实施风险准则的目标、风险准则所应对的业务过程分别是什么。

风险准则的适宜性、充分性、有效性。

评审应覆盖 6.2.7 节风险准则的十项内容。

2) 评审的输入与输出

各次风险准则评审的输入和输出应形成文件。

3) 评审活动

评审的方式是什么？开展哪些活动？

4) 评审的持续性

组织应对评审的时间间隔、频次做出安排。

6.3　*C* 准　则

1. *C* 准则总论

1) *C* 准则的概念

在风险准则中，如何对风险后果的严重程度进行度量是最重要的内容之一。组织应建立风险后果的测量指标，对其严重程度进行测量。鉴于这一指标的重要性和实际使用中的方便性，本书将风险准则中用于测量后果严重程度的部分内容称为 *C* 准则(前文已使用 *C* 来表示风险的后果，故用于度量风险后果严重程度的准则称为 *C* 准则)。

2) 正面、负面的严重程度

严重程度是指风险后果对组织目标影响的大小。*C* 准则不仅可以用于评价负面影响的严重程度，也可以用于正面影响的严重程度。这通过后果的性质给予判定。

3) *C* 准则应覆盖后果严重程度的所有范围

在建立风险准则时，应考虑可能的最轻至最重的严重程度，使风险准则能应用于评价风险严重程度的全部范围。

4) 定量或半定量的 *C* 准则

在 *C* 准则中，对后果严重程度的测量是定量或半定量的。在本书中，定量是指大于或等于零且可以有小数的数值。半定量是指大于或等于零且只能有整数的数值。不能采用定性的方式表示 *C* 准则，因为定性的后果无法与可能性相结合而使风险等级 *R* 具有大小的意义。

5) *C* 准则与后果形态有关

如果一个风险事件的后果有多种形态，应针对各种形态分别建立不同的准则，以用于测量不同后果形态的严重程度。此时，可用式(6-2)计算一个风险事件的后

果严重程度 C：

$$C = \sum_{i=1}^{n} \rho_i C_i \tag{6-2}$$

式中，C_i 为后果形态中第 i 种形态的严重程度数值；ρ_i 为 C_i 在 C 中所占的权重；$\sum_{i=1}^{n} \rho_i C_i$ 表示对 n 种后果形态进行求和。

ρ_i 的获得有两种途径。一种途径是通过已积累的历史数据，选用或参考使用已发生相同或类似风险事件中各种后果形态严重程度所占的比例数据。若缺乏这些数据，则在已获得 C_i 的基础上，通过式(6-3)计算 ρ_i：

$$\rho_i = \frac{C_i}{\sum_{i=1}^{n} C_i} \tag{6-3}$$

式中，$\sum_{i=1}^{n} C_i$ 表示各个后果形态的严重程度数值之和。式(6-2)和式(6-3)的计算方法与式(5-2)和式(5-3)类似，这里不再举例。

关于后果形态的划分可参看对 C 准则的举例。在此指出，实践中对式(6-2)有两种简单的处理情况。

第一种情况：计算各种后果形态 C_i 的算数平均值。这相当于认为式(6-2)中的权重 ρ_i 是常数，即各种形态的后果对事件后果影响的权重是一样的。

第二种情况：认为某一种后果形态最重要，进而用这一最重要的形态后果 C_i 作为事件后果的严重程度 C。这相当于在式(6-2)中，令某种后果形态的权重 ρ 最大(等于 1)，而其他后果形态的 ρ 都等于零。

应该说，以上这两种简单的处理方式都是不可取的，因为这两种处理方式都有悖于开始考虑的识别不同后果的形态、不同后果形态具有不同严重程度、风险事件后果中的不同形态对事件后果的影响是不同的初衷。仍以地震为例，在地震事件中，生命死亡的后果形态是人们最关注的，将其与其他形态的后果进行平均显然是不能接受的，但认为其最重要而完全忽略其他形态，如伤残、房屋倒塌、公路毁损、通信中断等，同样也是不能接受的。

6) C 准则的文件化

组织应以文件的形式对 C 准则做出规定。文件应对 C 准则中的各项测量指标进行详细而全面的描述。

2. C 准则举例

1) 组织自建 C 准则

表 6-2 显示的是某组织对目标风险所建立的 C 准则[5]。该准则采用半定量的方式，将目标风险的后果严重程度分为五级，从不重要(极低)到重大(极高)。为了

量化分析，对每个严重程度指定了分值：1～5。表 6-2 的目标一栏中对各个级别的说明非常重要。实际上，*C* 准则应配备说明书，在说明书中需对各个严重程度的级别进行详细的说明和界定，以便风险准则的准确使用。

表 6-2　*C* 准则举例 1

级别	不重要(极低)	较小(低)	中等(中)	较大(高)	重大(极高)
分数	1	2	3	4	5
目标	对目标实现几乎没影响	对目标实现有轻微影响	对目标实现有一定影响	对目标实现有重大影响	导致目标实现失败

2) *C* 准则来源于有关风险管理的标准、法律法规

正式发布的有关风险管理的标准、法律法规文件中，经常会含有风险事件后果严重程度如何评定的内容，这实际上就是 *C* 准则的内容，组织可根据自身的实际情况进行选用。例如，我国公安部在《公安部关于修订道路交通事故等级划分标准的通知》中明确规定了道路交通事故后果的划分方法，见表 6-3。该标准从人员伤亡和财产损失两个角度测量事故后果的严重程度，并将其分为四个等级，对应指标数值 1～4。因此，对于希望管理运营风险的组织，一方面可以直接采用国家标准构建 *C* 准则，也可以以此为基础修改和细化有关内容，建立更适合自己实际情况的 *C* 准则。

表 6-3　*C* 准则举例 2

后果等级	具体描述	量化指标
轻微事故	一次造成轻伤 1 或 2 人，或者财产损失机动车事故不足 1000 元，非机动车事故不足 200 元的事故	1
一般事故	一次造成重伤 1 或 2 人，或轻伤 3 人以上，或者财产损失不足 3 万元的事故	2
重大事故	一次造成死亡 1 或 2 人，或重伤 3 人以上 10 人以下，或者财产损失 3 万元以上不足 6 万元的事故	3
特大事故	一次造成死亡 3 人以上，或重伤 11 人以上，或死亡 1 人同时重伤 8 人以上，或死亡 2 人同时重伤 5 人以上，或者财产损失 6 万元以上的事故	4

3) *C* 准则来源于历史数据

对于某些风险，如果通过历史数据可以获得 *C* 准则，那么对组织而言这可能是最好的一条途径，因为它具有实践基础。例如，我国的高速公路建设已有二十多年的历史，对高速公路建设中各方面的风险已有较多的历史数据，其风险主要有征地受阻、资金不到位、设计与施工、过往车辆数四种。对于这四种风险，可划分为三种后果形态：费用超支、工期拖延、年现金流入不足。

根据积累的历史数据，表 6-4 将上述三种后果形态的严重程度均划分为五级，

对应分值1～5，并给出了每一级别中所对应的相关数据[6]。表中最右侧一栏的效用是一个特殊的概念，是决策理论中极其重要的内容，其数值在0～1，对它的说明与解释已超出本书的范围，有兴趣的读者可参阅决策理论、决策分析的有关书籍。从表6-4可以看出，它是投资建设高速公路风险的*C*准则。因为它来源于历史积累的数据，所以具有较好的实践基础，希望管理高速公路建设风险的组织，可以选用表6-4作为评价风险后果严重程度的*C*准则。

表6-4　*C*准则举例3

程度	费用超支(超过预算)/%	工期拖延/月	年现金流入不足(达到预计的)/%	效用(损失)
1	1以下	1以下	60	0.1
2	1～5	1～6	50	0.3
3	5～20	6～12	40	0.5
4	20～50	12～24	30	0.7
5	50以上	24以上	20	0.9

6.4　*P*　准　则

1. *P*准则总论

1) *P*准则的概念

在风险准则中，如何对风险事件发生的严重程度进行度量是最重要的内容之一。组织应建立对风险事件发生可能的测量指标，用于对风险事件发生严重程度的测量。鉴于这一指标的重要性和实际使用中的方便性，本书将风险准则中用于测量风险事件发生严重程度的部分内容称为*P*准则(前面已用*P*来表示风险发生的可能性，故用于度量风险事件发生严重程度的准则称为*P*准则)。

2) 建立*P*准则的时机

通常是在建立*C*准则之后建立*P*准则。有了风险事件、风险事件的后果，再确定风险事件发生的可能性。

3) *P*准则应覆盖发生可能性的所有范围

在建立风险准则时，应考虑风险事件发生的最小至最大的可能性，使风险准则能应用于评价风险发生可能性的全部范围。

4) 定量或半定量的*P*准则

在*P*准则中，对发生可能性的测量是定量或半定量的。在本书中，定量是指大于或等于零且可以有小数的数值。半定量是指大于或等于零且只能有整数的数值。理论上，不能采用定性的方式表示*P*准则。

5) 发生可能性的概率表示

在风险管理的实践中，经常用概率表示发生可能性的大小。需要指出的是，对 *P* 准则和 *C* 准则中严重程度的级别数量并无评判优劣的统一标准，主要还是以适用为主，过粗或者过细都是不可取的。

6) 建立 *P* 准则一般不考虑后果的形态

在风险后果以及建立 *C* 准则的论述中，均提出要考虑后果形态的问题。但对于 *P* 准则，一般不再考虑后果形态，即不对每一种后果形态建立 *P* 准则，只对风险事件建立 *P* 准则即可。因为后果不同形态的严重程度可能是不同的，但是任何一种形态的发生概率与风险事件的发生概率是相同的。例如，对于地震，伴随着地震事件的发生，各种形态的后果也就发生了，发生的概率与该地震事件的发生概率是一样的，仅各种形态的后果严重程度不同。

7) *P* 准则的文件化

组织应以文件的形式对 *P* 准则做出规定。文件应对 *P* 准则中的各项测量指标进行详细而全面的描述。

2. *P* 准则举例

1) 组织自建 *P* 准则

表 6-5 是某组织建立的 *P* 准则，也是在风险管理实践中较为常见的几种 *P* 准则[5]。综合来看，它属于定量与半定量相结合的方式。可能性的重要程度划分为五个等级，分别对应很低、低、中等、高、很高，并且对应 1、2、3、4、5 的分数，这种严重程度的划分是半定量的。

在此基础上，对可能性的五个级别又进行定量细分。一种细分是以概率表示，如对于第一级“很低”(分数为 1)，发生的概率范围是年发生概率在 6.25%以下，当年发生概率在 50%及以上时，对应严重程度的最高级“很高”(分数为 5)。另一种细分是以频率表示，如在未来 5 年几乎不会发生，对应可能性严重程度的第一级“很低”(分数为 1)，当 1 年内很可能发生多次时，对应可能性严重程度的最高级“很高”(分数为 5)。

表 6-5　*P* 准则举例 1

可能性	评分	概率	频率
很低	1	年发生概率在 6.25%以下	未来 5 年几乎不会发生
低	2	年发生概率在 6.25%～12.5%	未来 3～5 年可能发生 1 次
中等	3	年发生概率在 12.5%～25%	未来 1～2 年可能发生 1 次
高	4	年发生概率在 25%～50%	1 年内可能发生 1 次
很高	5	年发生概率在 50%及以上	1 年内很可能发生

表 6-5 所示的半定量与定量相结合的 P 准则，是一种较好的方式，既有等级划分(半定量)，又有概率或频率的定量描述。对于表 6-5，应注意其显示时间的关键字为年。本书强调不确定性对目标的影响，而组织的目标一般是有时间节点的，故建立风险准则时必须考虑时间因素。

2) P 准则来源于有关风险管理的标准、法律法规

P 准则也可以来自正在发布的风险管理标准、法律法规文件。例如，我国交通运输部在《关于在初步设计阶段实行公路桥梁和隧道工程安全风险评估制度的通知》中明确给出了风险事件发生概率的等级判断标准，见表 6-6。该 P 准则同样使用了半定量与定量相结合的方式。相关组织可以直接使用该 P 准则，也可以在此基础上修改和细化有关内容，建立更适合自己的 P 准则。

表 6-6　P 准则举例 2

等级	定量判断标准(概率区间)	基本描述
1	$P < 0.0003$	几乎不可能发生
2	$0.0003 \leqslant P < 0.003$	很少发生
3	$0.003 \leqslant P < 0.03$	偶然发生
4	$0.03 \leqslant P < 0.3$	可能发生
5	$P \geqslant 0.3$	频繁发生

参考表 6-5 和表 6-6 的 P 准则举例，应该注意到这样的细节，对于事件发生的可能性，未明确特定的业务过程。本书一直强调风险准则要针对特定的业务过程，但对组织中风险准则的核心内容 P 准则和 C 准则，主要是 C 准则必须要针对特定的业务过程，而 P 准则对特定业务过程的依赖关系较弱。这一点通过 P 准则和 C 准则的概念及其所具有的内容来理解应该是比较容易的。

3) P 准则来源于历史数据

组织的 P 准则也可以来自已积累的历史数据。6.3 节列举了投资建设高速公路风险的 C 准则(表 6-4)。与此相对应，还有投资建设高速公路风险的 P 准则(表 6-7)。

表 6-7　P 准则举例 3

程度	征地受阻	资金不到位	设计与施工	过往车辆数	发生概率
1	严重受阻 必须改线	投资方撤出	严重拖延须重新设计	不到预测的 40%	0.1
2	严重受阻 局部改线	投资方 资金不足	严重拖延，局部重新设计	不到预测的 50%	0.3

续表

程度	征地受阻	资金不到位	设计与施工	过往车辆数	发生概率
3	严重受阻	同银行 谈判不顺	施工严重 拖延	不到预测的 60%	0.5
4	一般受阻	建设债券 发行不顺	施工一般 拖延	不到预测的 70%	0.7
5	轻微受阻	汇率发生 不利变动	施工轻微 拖延	不到预测的 80%	0.9

表 6-7 列出了在投资建设高速公路的过程中四种常见风险发生的可能性[6]。针对征地受阻、资金不到位、设计与施工、过往车辆数四种风险，每种风险都将发生的可能性划分为 5 个等级(半定量)，并对每个等级都进行了具体描述。例如对于征地受阻风险，发生严重受阻必须改线的概率是 0.1(10%)，为发生可能性的第 1 级；发生严重受阻局部改线的概率是 0.3(30%)，为发生可能性的第 2 级。因此，若使用表 6-7 作为 P 准则，就可以得到投资高速公路的风险事件的发生概率。对于过往车辆数风险，当选择不到预测的 50%时，其发生的概率是 0.3(30%)。

6.5 风险评价过程的主要输出

风险评价过程的主要输出是基于风险带的风险图谱。图 6-1 是半定量风险矩阵中基于风险带的风险图谱举例[5]。表 6-8 中将风险准则所决定的二维(P,C)平面分成了低、中、高(由左到右)三个风险带，表中单元格内的数字为该区域中的风

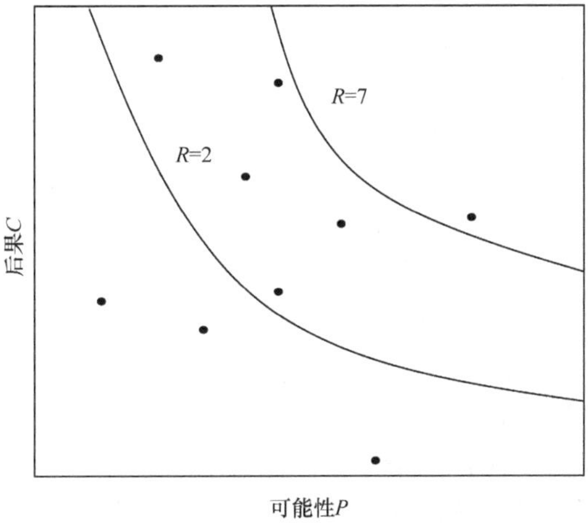

图 6-1 半定量风险矩阵中基于风险带的风险图谱举例

险事件数量[7]。

表 6-8　半定量风险矩阵中基于风险带的风险图谱举例

可能/后果	1 非常罕见	2 很少发生	3 可能发生	4 有时发生	5 相当平常
5 灾难性	6	3	0	6	0
4 重大损失	7	2	8	1	7
3 严重破坏	15	0	0	0	0
2 破坏	3	12	11	5	9
1 轻微破坏	8	0	7	4	5

图 6-1 中分别有 R=2 和 R=7 的两条风险等位线，将风险矩阵的最大面积划分为三个区域。在经过风险分析后，不同风险事件按不同的(P,C)坐标落入不同的风险带。显然，当风险事件落入右上角区域时，其风险等级最高，并且不同风险等级是依据风险等位线进行划分的。

风险图谱可以根据风险事件的重要程度对它们进行排序，筛掉不重要的事件，或者评估每一个事件在降低风险方面的需求[6]。6.2 节已说明风险按风险带实施管理、风险带与风险应对的关系。在形成基于风险带下风险图谱以后，其作为风险评价过程的最主要输出，向风险应对过程提供输入，针对不同风险带中风险提出不同的风险应对方式。

6.6　风险评价应关注的重要方面

1) 风险评价与决策的关系

风险评价过程的中心任务是对风险的重要性做出划分，向风险应对提供输入，协助做出风险应对的决策。

2) 风险评价应考虑决策的有关方面

风险评价的输出应满足风险应对决策的输入要求。对风险应对决策的各个方面，通过风险评价应向其提供决策的基础。

3) 风险评价可能导致进一步的风险识别和风险分析

风险评价以后，并非一定实施其后面的风险应对过程，而是要根据其是否满足风险应对的输入需要而定。当不能满足风险应对过程的需要时，必须实施进一步的风险识别和风险分析。因此，某些风险识别和风险分析是风险评价所导致的。

4) 风险评价可能导致不进行任何风险应对的决定

在完成风险评价过程、转入风险应对过程以后，并非一定决策使用某种风险应对方式并付诸实施。在风险评价的输入基础上，可能做出不进行任何风险应对的决定。应注意，这里说的是风险应对，是风险评价可能导致不进行任何风险应对的决定，而正在实施的风险控制措施还应该继续保持。

6.7 本 章 小 结

本章将风险评价过程定义为“将风险分析的结果与风险准则相比较、以决定风险和/或其大小是否可接受或可容忍的过程”。该术语后有一个注：风险评价有助于风险应对决策。风险准则在组织的风险管理中占有极其重要的地位，其核心是 C 准则和 P 准则，本章对这两个准则进行了详细阐述和举例说明。风险评价过程的主要输出是基于风险带的风险图谱，其目的是对风险的重要性做出划分，向风险应对提供输入，协助做出风险应对的决策。但是风险评价以后，并非一定实施其后面的风险应对过程，甚至可能导致不进行任何风险应对的决定。

参 考 文 献

[1] International Standard Organization. ISO Guide 73: 2009 Risk management—Vocabulary[S]. Geneva: International Standard Organization, 2009.

[2] Haimes Y Y. Risk Modeling, Assessment, and Management[M]. 2nd ed. New York: John Wiley & Sons, 2004.

[3] International Standard Organization. ISO31000: 2018 Risk management — Guidelines[S]. Geneva: International Standard Organization, 2018.

[4] 中华人民共和国国家质量监督检验检疫总局，中国国家标准化管理委员会. GB/T24353—2009 风险管理 原则与实施指南[S]. 北京：中国标准出版社, 2009.

[5] 李存建. 风险评估——理论与实践[M]. 北京：中国商务出版社, 2012.

[6] Rausand M. 风险评估：理论、方法与应用[M]. 北京：清华大学出版社, 2013.

[7] 王卓甫. 工程项目管理：风险及其应对[M]. 北京：中国水利水电出版社, 2005.

第7章　风 险 应 对

本章对风险应对过程进行系统介绍。首先给出风险应对的概念、目的以及决策依据，明确指出风险应对过程的主要内容，并对其所能回答的基本问题进行详细论述。在风险应对过程中，选择合适的风险应对方式最为关键，因此对常见的风险应对方式进行解释与说明。此外，本章还提出风险应对过程的主要输出和应关注的重要方面。

7.1　风险应对概述

风险应对是风险管理领域中的重要术语，其定义为“将改变风险的过程”[1]。从定义的描述来看，风险应对就是对组织风险提出处置意见和办法。通过对组织运营风险的识别、分析和评价，综合考虑风险发生的可能性、后果的严重程度以及其他因素，确定组织的风险等级，从而决定采取什么样的措施以及应对措施宜采取到什么程度。

风险应对是风险管理过程中的关键环节，接受来自风险评估过程的输入，参与风险管理过程中的循环。在风险应对过程中，应实施监测与评审、咨询与沟通过程。

风险应对过程的目的是提升组织实现目标的机会、降低风险对其的威胁。风险应对过程必须考虑风险的重要性、应对风险所花费用的有效性、采取措施的实时性以及和组织内外部环境的适应性等。一般情况下，在实施风险应对过程时，经常需要考虑多个应对方案，并从中选择一个优化方案。

如前文所述，风险评估过程中的风险识别、风险分析、风险评价为风险应对过程提供了很多必要的输入，这是风险应对的决策依据[2]，具体包括以下内容。

(1) 组织的风险清单。风险清单应包括的内容有风险事件、后果形态、影响性质、控制措施、风险源和风险原因等。

(2) 组织的风险特性。风险应对过程的实施方案通常根据风险特性来制定，如不同风险事件的发生可能与后果、风险清单中所有风险的风险等级、控制措施的有效性和效率、风险源或风险原因的本质等。

(3) 组织的风险图谱。风险图谱可以根据风险事件的重要程度进行排序，筛掉不重要的事件，或者评估每一个事件在降低风险方面的需求。风险图谱中，位于不同风险带的风险，其风险应对方式是不同的。

(4) 组织的抗风险能力。抗风险能力是指组织能够承受多大的风险，也可以理解为组织可以忍受的剩余风险大小，这直接影响组织对风险应对方案的选择。实践中，组织的抗风险能力受多种因素影响，既包括组织中利益相关方的心理预期，也包括组织本身能够提供的资源等。

(5) 可供选择的风险应对措施。对于某一具体风险，有哪些可供选择的风险应对措施，以及选择某种应对措施的可能性，是风险应对过程要做的一项重要工作。如果对某一风险存在多种应对方案供选择，则有必要采取合适的评估方法以选择最有效的风险应对方案。

7.2 风险应对过程的主要内容

风险应对不仅是风险管理的一个过程，其本身也是一个循环过程，该循环过程主要包括以下内容。

(1) 评估风险应对。

(2) 决定剩余风险是否是可容忍的。

(3) 如果不可容忍，则应提出新的风险应对。

(4) 评价应对的有效性。

换言之，风险应对过程的主要任务就是决策，其解决的基本问题如下。

(1) 哪些风险需要应对？在风险评估以后，组织已经形成风险清单，并对风险的重要性进行分析和评价，所以需要将这些内容输入风险应对过程。风险应对过程首先要决策的是，在风险清单中哪些风险需要应对。并非清单中的所有风险都需要应对，通常只有少部分风险需要应对。

(2) 应对的优先顺序如何？在决策哪些风险需要应对以后，就要决策对风险的应对顺序。由于风险的重要程度不同，组织应对风险所提供的资源也是有限的，故必须对风险的优先顺序做出决策。

(3) 应对方式如何？在解决哪些风险需要应对、应对的优先顺序以后，就要决策所使用的风险应对方式。可选择的风险应对方式主要包括风险规避、风险转移、风险缓解、风险自留以及这些方式的组合。

显然，在风险应对过程中最为关键的环节是选择合适的风险应对方式。对组织的某一风险而言，可能有多种应对方式或方案；即使同一类的风险问题，不同的管理主体采用的应对方式或策略也可能是不一样的。因此，从理论上讲，需要根据组织风险的具体情况和风险管理主体的容忍度等其他因素，综合确定风险的应对方式或应对策略。

1) 风险规避

风险规避(risk avoidance)是采用消除风险或消除风险产生条件的方法，保证组织的目标实现不受影响[3]。虽然组织的风险不可能完全消除，但借助风险规避的一些方法，对于某些特定的风险，在它发生之前消除其发生的可能或后果还是可以实现的。在风险管理中，规避风险的方法有终止法、工程法、程序法和教育法等，具体解释见表 7-1。

表 7-1 风险规避方法

规避方法	方法描述
终止法	终止或放弃组织目标的实现
工程法	以工程技术为手段，消除物质性风险的威胁
程序法	采用标准化、制度化、规范化的方式避免可能引发的风险
教育法	广泛开展教育，增强风险意识，避免人的不当行为

2) 风险转移

风险转移(risk transference)是设法将某种风险的结果连同应对风险的权利和责任转移给他方[3]。它主要是将风险管理的责任进行转移，并不能消除风险。在组织运营过程中，风险转移的方式有很多(如保险、转包、分包等)，但不论哪种方式，其共同特点是使自身免受风险损失。值得注意的是，在风险管理中，风险转移并不意味着将风险转移给他人，他人就一定会受到损失。在某些环境下，风险转移者和风险接受者是可以实现共赢的。

3) 风险缓解

风险缓解(risk mitigation)是将组织风险的发生可能或后果降低到某一可以接受的程度[3]。风险缓解既不是消除风险，也不是避免风险，而是减轻风险，包括减少风险发生的概率或控制风险的损失。风险缓解要达到什么目标，将风险减轻到什么程度，这主要取决于组织的具体情况、对风险的认识程度和风险管理的要求。风险缓解的方法主要包括降低风险发生的可能性、减少风险的后果损失、分散风险和采取一定的后备措施等，具体解释见表 7-2。

表 7-2 风险缓解方法

缓解方法	方法描述
降低风险发生的可能性	采取各种预防措施降低风险发生的可能性
减少风险的后果损失	在风险损失不可避免时，采取各种措施遏制或限制损失的继续扩大
分散风险	通过增加风险承担者以减轻总体风险的压力
采取一定的后备措施	在风险损失发生前，制定相关的后备应急措施

4) 风险自留

风险自留(risk retention)也称风险接受(risk acceptance)，是管理主体自行承担风险后果的一种应对方式[3]。它意味着管理主体不采取某些措施或不能找到适当的措施去应对风险。风险自留的具体方法包括主动风险自留和被动风险自留。

主动型风险自留是指管理主体在识别风险及权衡其他处置风险的技术后，主动将风险自留作为应对风险的措施，并适当安排一定的财力准备。其特点是：已经把握了风险的可能与后果，并比较了其他处置方式的利弊，是在不愿意采取其他处置方式后做的选择。

被动型风险自留是指在没有充分识别风险，没有考虑其他处置风险措施的条件下，不得不由自己承担损失后果的风险应对方式。显然，被动风险自留是不可取的，其没有任何准备，包括风险管理中利益相关方的心理准备，以及应对风险财力和物力上的准备。

表 7-3 列举了我国高速公路建设过程中常见的风险及应对方式[4]，主要包括工程设计风险、自然环境风险、社会环境风险、经济环境风险、施工过程风险五个方面。

表 7-3 高速公路建设过程中的风险及风险应对方式

风险类型		风险应对方式	风险应对措施
工程设计	设计缺陷或忽视	风险自留	索赔
	地质条件复杂	风险转移	按照合同分清责任
自然环境	结构损坏	风险转移	购买保险
	地震	风险转移	购买保险
	泥石流	风险转移	购买保险
	塌方	风险减缓	预防措施
社会环境	战争	风险转移	购买保险
	突发公共事件	风险自留	预留损失费
	污染及安全约束	风险自留	制定保护和安全计划
经济环境	通货膨胀	风险自留	执行价格调整
	资金无保证	风险规避	放弃承包
施工过程	劳务争端	风险自留	预防措施
	工作失误	风险减缓	严格规章制度
	工伤事故	风险转移	购买保险

7.3 风险应对过程的主要输出

在完成风险应对过程后，最后的输出内容包括以下几个方面[5]。

1) 组织风险管理计划及其说明

(1) 组织风险评估结果的说明。

(2) 组织风险控制责任分配的说明。

(3) 如何更新风险清单以及风险评价结果的说明。

(4) 组织风险管理计划的实施说明。

(5) 组织应急费用分配和适用等方面的说明、计划或安排。

(6) 组织风险监测与评审方案说明以及其责任分配说明等。

2) 剩余风险和二级风险分析及其处置

对组织风险采取应对措施的同时，经常伴随着剩余风险和二级风险的产生，对此应在制定应对方案时做出分析，并说明处置的办法[6]。

(1) 剩余风险。剩余风险是指在采取风险规避、风险转移、风险缓解等应对措施后仍存在的风险，也包括被接受和处置过的小风险。对于每一风险事件，在考虑采取风险规避、风险转移、风险缓解等应对措施时，均应对可能出现的剩余风险进行分析，并在费用预算和时间安排上采用适当考虑应急量的方法加以处置。

(2) 二级风险。二级风险是指在采取风险规避、风险转移、风险缓解等应对措施时而产生的新风险。对组织风险采取应对措施，常常改变了组织环境或资源的供应条件，产生二级风险的可能性是很大的。对于二级风险，应引起足够的重视。一些因采取规避措施而产生的二级风险，在性质上和原风险可能有差别，风险的大小也不好把握。应认真对此类风险加以识别和评价，并做好应对计划。

3) 落实责任、调整计划[7]

组织风险应对措施确定后，要进一步落实各有关方在特定风险发生时所应承担的责任。对于组织内各部门，要明确分工；对于合约方，要明确双方或多方在保险、服务或其他问题上的相应责任，以减轻承担风险的压力。

风险应对措施的编制结果，与原风险管理计划可能会有局部的冲突，应对原计划做出适当的调整，将风险应对措施体现到风险管理计划中去，以保证应对措施作为风险管理计划的一部分，在组织风险管理实施中得到落实和监控。

最后，风险应对部分的输出内容常以应急预案或应急手册等形式在组织运营管理中加以体现和约束，并保持定期更新。

7.4 风险应对应关注的重要方面

组织风险的复杂性和变动性，对风险应对提出了更高的要求。与风险管理过程的其他环节相比，风险应对更需要创造性和协作性[3]。

1) 创造性

组织内外部环境的复杂性要求风险应对宜具有创造性。它要求组织的管理人员在实施风险应对计划时能产生具有创意的新想法，因此组织管理人员必须具有创新的思维模式。人们一般可以用以下几种方式来实现创新。

(1) 视图化。这种方式注重最终结果。首先可以想象一个理想的结果，然后让目标引导实现。最能说明视图化的一个例子是约翰·肯尼迪的构想“把人放到月球上，并让他安全地返回地球”。

(2) 试验。这种方式是利用尝试的方法，按照已知的过程获得可重复的实际结果。试验强调先发现事实、收集信息，然后测试想法的新组合。

(3) 探索。这种方式是通过类比来产生新的想法。探索可从新的角度处理问题，为组织提供有较大突破的潜力。通用电气公司将防御技术应用于汽车工业是最能说明探索方式的一个例子。

(4) 校正。这种方式是利用已知方法和已经过事实证明的经验，一次向前迈进一步。校正为组织提供稳定性和逐渐的改进。

2) 协作性

协作是两个或更多有互补性技术的个人或团体互相作用达成共识，这一认识是他们之前从未有过或可能想得到的。事实上，组织很少孤立地应对风险，并且人们之间因缺乏理解而造成风险是常有的事。降低不确定性、增加成功机会的最好方法之一是与他人沟通。组织内外部的协作与交流是风险应对的基本要求，而协作的前提是交流能力。当与他人协作时，交流方面可能出现以下问题。

(1) 发送错误的信息。当书面交流不明确、口头交流不清楚时，可能出现错误信息。核对以证实信息理解的正确性，最好采用组织内部交流会的传递方式。

(2) 收到错误的信息。当书面暗示不明确或没有看到肢体语言时，可能收到错误信息。此时若可以改善组织成员的交流方式，相对于可能造成重复劳动，澄清书面文件和口头问题可以事半功倍。

(3) 交流环节的中断。发送电子信息时，并不能确定接收方是否能收到。小组交流应保证一个小组发送的，另一个小组能收到并理解。

7.5 本章小结

本章将风险应对过程定义为“将改变风险的过程”，其目的是提升组织实现目标的机会、降低风险对其的威胁。风险应对过程要回答如下问题：哪些风险需要应对？应对的优先顺序如何？应对方式如何？其中，应对方式的选择最为关键，常见的方式包括风险规避、风险转移、风险缓解、风险自留。风险应对过程首先接受来自风险评估过程(风险清单、风险特性、风险图谱)以及其他因素(抗风险能力、可能的应对措施)的输入，然后输出风险管理计划。此外，在风险应对过程中，组织成员应特别注意创造性和协作性的重要。

参考文献

[1] International Standard Organization. ISO Guide 73: 2009 Risk management—Vocabulary[S]. Geneva: International Standard Organization, 2009.

[2] 李存建. 风险评估——理论与实践[M]. 北京: 中国商务出版社, 2012.

[3] 沈建明. 项目风险管理[M]. 2 版. 北京：机械工业出版社, 2010.

[4] 王卓甫. 工程项目管理: 风险及其应对[M]. 北京: 水利水电出版社, 2005.

[5] White D. Application of systems thinking to risk management: A review of the literature[J]. Management Decision, 1995, 33(10): 35-45.

[6] Department of Urban and Transport Planning. Major Industrial Hazards Advisory Paper No. 3: Hazard Identification, Risk Assessment and Risk Control[R]. Sydney：Department of Urban and Transport Planning, 2000.

[7] 顾镜清, 季善昌, 施汝良. 风险管理——理论与实务[M]. 北京: 中国国际广播出版社, 1993.

应 用 篇

第8章 高速公路长大桥安全运营风险管理研究——以苏通大桥为例

8.1 项目概况

苏通大桥位于江苏省东部的南通市和苏州(常熟)市之间，西距江阴长江公路大桥82km，东距长江入海口108km。大桥路线全长约32.4km，由跨江大桥8146m、北接线15km、南接线9.2km三部分组成，其中跨江大桥的主跨为1088m双塔双索面钢箱梁斜拉桥。苏通大桥北接宁通高速，连盐通高速，南接沿江高速、苏嘉杭高速，是国家重点干线沈阳至海口高速公路跨越长江的重要通道，也是江苏省公路主骨架网(赣榆至吴江高速公路)的重要组成部分[1]。

苏通大桥的开通运营不仅使南通市到上海市有了更便捷的通道，也给江苏省公路网增加了更多的可选择环路，缩短了苏北到苏南的交通里程和通行时间。苏通大桥的建设对完善国家和江苏省干线公路网、促进区域均衡发展以及沿江整体开发、改善和缓解过江交通压力、保证长江航运安全等都具有十分重要的意义。

8.2 项目意义

苏通大桥位于长江下游，临近长江入海口，该区域属于北亚热带南部湿润季风气候，天气变化复杂，夏季频发强对流天气、降雨量大，冬季冰雪天气较多，四季均会有雾天出现。因此，苏通大桥的安全运营受风、雪、雨、雾、冰冻等灾害性天气影响十分明显。据统计，每年桥面风力7级以上天数约有179天，再加上雨、雪、冰、雾等多种因素相互影响，会对桥面行车安全造成严重影响。例如，2009年6月5日桥面实测风力7～9级，瞬间风力12级，并夹杂大雨，大桥所有入口被迫关闭数小时。

苏通大桥的自然环境多样，灾害性天气频发；过桥流量大、交通构成复杂；加上桥梁结构跨径长、桥面中央隔离带连续、车辆掉头困难、环氧沥青桥面摩擦系数相对较小等特点，使得其交通运营风险极高，发生事故的可能性很大。因此，做好灾害天气下苏通大桥交通运营安全的风险管理，对突发交通事故能够快速、高效、有序地实施处置，是大桥运营管理工作的难点和关键。

8.3 环境建立

灾害天气下高速公路长大桥的风险管理研究是以苏通大桥为研究对象，运用风险管理的理论、方法与过程，系统地分析与评估灾害天气对大型桥梁交通运营风险的影响，并结合实际情况提出风险应对措施与防治方案，旨在降低交通事故发生的可能性与可能的严重性。需要注意的是，本案例仅从交通运营安全(或称交通事故)的角度进行风险评估与管理，不涉及桥梁坍塌等结构性破坏。

8.4 风险识别

8.4.1 灾害天气界定

灾害天气是指对人民生命财产有严重威胁，对交通运输行业有重大损失的不利天气，其本质是社会物质财富的损失或自然人的伤亡。在全球气候变暖的背景下，我国江淮地区呈现灾害天气频发的特点，主要表现为大雾、冰雪、暴雨、大风、高温等天气。苏通大桥地处长江入海口感潮河段的宽阔水域，天气条件复杂、灾害天气和强对流天气多发，对交通运输安全运营的影响十分突出。通过与江苏省交通规划设计院的座谈会以及对大桥各部门的访谈调研、问卷调查，确定影响苏通大桥安全运营的单因素灾害天气(表 8-1)。

表 8-1 单因素灾害天气的界定

天气类型	简单描述
雨	路面摩擦系数减小，能见度降低，驾驶员视线受影响
雪	积雪被车辆压实，路面摩擦系数减小，能见度降低
雾	能见度较低，驾驶员视线受影响
冰	路面摩擦系数极低，车辆容易打滑甚至侧翻
风	突袭强风会改变车辆行驶路线，甚至对桥梁结构造成威胁
高温	驾驶员易疲劳、注意力不集中，对车辆性能也有不良影响

除单因素天气外，苏通大桥还面临多种灾害天气的同时作用，主要包括：①风雨天气；②冰雾天气；③风雪天气。多因素灾害天气是影响苏通大桥安全通行的重要因素，也是风险管理的重点与难点。

8.4.2　灾害天气分级

在明确灾害天气分类的基础上，要对不同类型的灾害天气进行合理分级，旨在特定天气发生时能够有针对性地进行预警和管理。综合考虑有关气象学的行业规范以及灾害天气本身对交通运行的影响程度，并且以大桥运营单位实际适用为宗旨，将各类灾害天气按如下方式分级，见表 8-2 和表 8-3。

表 8-2　单因素灾害天气的分级依据

天气		分级依据
雨天	小雨	200m ⩽ V < 500m
	中雨	100m ⩽ V < 200m
	大雨	50m ⩽ V < 100m
	暴雨	V < 50m
雪天	雨雪	200m ⩽ V < 500m
	中雪	100m ⩽ V < 200m
	大雪	50m ⩽ V < 100m
	暴雪	V < 50m
雾天	薄雾	200m ⩽ V < 500m
	中雾	100m ⩽ V < 200m
	大雾	50m ⩽ V < 100m
	浓雾	V < 50m
	团雾	局部路段有雾
有冰天气	局部覆盖	路面部分被冰覆盖
	全部覆盖	路面全部被冰覆盖
有风天气	微风	风力 6 级以下
	强风	风力 6～10 级，包括 6 级
	狂风	风力 10 级以上，包括 10 级
高温天气	高温	最高气温在 30℃以上的天气

注：V 为能见度。

表 8-3 多因素灾害天气的分级依据

天气		分级依据
风雨天气	小风小雨	风力 1～6 级，200m ≤ V < 500m
	小风大雨	风力 1～6 级，V < 200m
	大风小雨	风力 6 级以上，100m ≤ V < 200m
	大风大雨	风力 6 级以上，V < 200m
风雪天气	小风小雪	风力 1～6 级，200m ≤ V < 500m
	小风大雪	风力 1～6 级，V < 200m
	大风小雪	风力 6 级以上，200m ≤ V < 500m
	大风大雪	风力 6 级以上，V < 200m
冰雾天气	局部结冰薄雾	路面局部被冰覆盖，200m ≤ V < 500m
	局部结冰大雾	路面局部被冰覆盖，V < 200m
	局部结冰团雾	路面局部被冰覆盖，且局部路段有雾
	全部结冰薄雾	路面全部被冰覆盖，200m ≤ V < 500m
	全部结冰大雾	路面全部被冰覆盖，V < 200m
	全部结冰团雾	路面全部被冰覆盖，且局部路段有雾

注：V 为能见度。

至此，确定了项目研究范围内灾害天气的主要类型与分级，这些灾害天气为苏通大桥安全运营过程中的主要风险源(或称风险因素)。下一步要分析这些灾害天气如何影响交通安全运营或车辆安全运行。

8.5 风险分析

8.5.1 雨

雨对大桥交通运营安全的影响主要体现在路面摩擦系数和能见度。

降雨会改变路面状况，降低路面的摩擦系数，导致路面湿滑，车辆制动性能减弱，行车危险性增加。如果此时突然启动、急转弯、急刹车，则很容易引起车辆横向滑移、滑溜、失控甚至翻车。实际条件下，雨天路面摩擦系数不到干燥铺装路面的一半，对行车安全极为不利。雨天条件下不同车速的制动距离如图 8-1

所示，可知：①相同车速下湿润路面的制动距离要明显大于干燥路面；②随着车速增加，干湿路面间的制动距离差逐渐增加，即湿润路面的制动距离变化较大[2]。

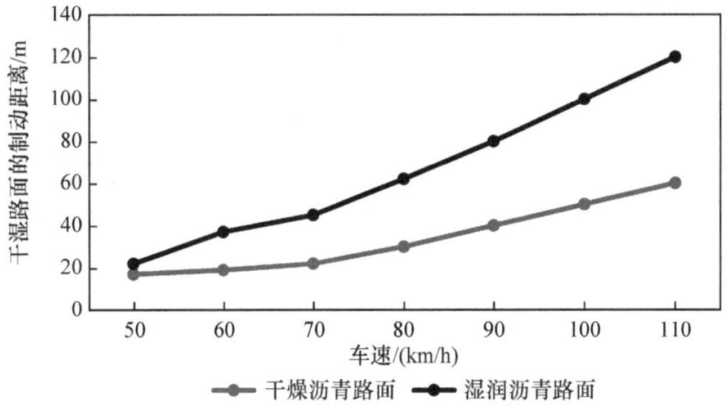

图 8-1　雨天条件下不同车速的制动距离

关于雨天路面摩擦系数有两点说明：①由于浮土等污染物存在，微量降雨对交通安全的影响并不比大量降雨低[3]。微量降雨时路面会覆盖一层湿土，使得轮胎与路面之间不能良好接触，此时的路面摩擦系数最低。②雨后部分路面有积水或干湿不一，路面摩擦系数不均匀，车辆制动性变化较大，容易诱发风险。

此外，雨滴成线，路面积水溅散，使得驾驶员的能见度降低，视野不开阔，影响道路标志标线或车间距的辨识，尤其是强降雨天气，刮雨器常常不能及时刮尽挡风玻璃上的雨水，而视线触及的范围也因雨刮器的滑动而受到限制。

综上所述，考虑到苏通大桥南北引桥区域道路平纵线形复杂，故将雨天对大桥交通安全的影响归纳为四个方面：①路面摩擦系数；②能见度；③驾驶员误判(车间距、标志标线、路面湿滑程度等)；④桥上位置。

8.5.2　雪

雪对大桥交通安全的影响主要体现为能见度和路面摩擦系数[4]。这两方面对大桥交通安全的影响前文已详细阐述，这里只做些补充说明。

降雪形成的路面积雪，经车辆反复碾压形成雪面，会极大降低路面的摩擦系数。研究表明，冰雪天气下路面附着系数仅为正常干燥路面的 1/8～1/4，车辆制动困难，安全风险很大。微量降雪时，重大交通事故略有增加，这可能与驾驶员的重视程度有关。中雪或大雪形成的路面积雪，持续时间长达 3～5 天，并且很容易由雪面变成冰面，危害性更大。暴雪天气会形成雪阻，迫使车辆在公路上停驶，造成严重交通堵塞，甚至道路关闭。

综上所述，雪天对大桥交通安全的影响可以归纳为路面摩擦系数、能见度、桥上位置和驾驶员重视程度四个方面。

8.5.3 雾

雾对大桥交通安全的影响主要体现在能见度和路面摩擦系数[5]。

雾天能见度低，视线障碍大，驾驶员可视距离大大缩短，景物、交通标线以及前后车辆都难以辨别，驾驶员容易判断失误导致车辆追尾事故。按照公安部规定，能见度小于 50m 时，有关部门可采取局部或全部封闭高速公路的交通管制措施。如果没有达到高速公路关闭的天气条件，雾天行驶的车辆也要根据能见度的不同，采取不同的行驶策略以保障行车安全。能见度与车辆运行之间的关系见表 8-4。

表 8-4 能见度与车辆运行的关系

能见度	速度限制	影响程度
$V > 2000\text{m}$	—	对公路交通影响不大
$1000\text{m} \leqslant V < 2000\text{m}$	—	对车辆有一定影响，不利于高速行驶
$500\text{m} \leqslant V < 1000\text{m}$	< 80km/h	对交通有显著影响，车速需减速行驶，司机要更加集中注意力
$200\text{m} \leqslant V < 500\text{m}$	< 60km/h	对交通有显著影响，各种车辆需限速行驶
$50\text{m} \leqslant V < 200\text{m}$	< 40km/h	对交通有严重影响，应减少出行，司机要谨慎驾驶
$V < 50\text{m}$	—	难以分辨路况，车辆行驶困难，高速公路必须封闭

此外，需要注意团雾的影响。高速行驶的车辆突然进入大雾区，驾驶员的视线会突然变暗，此时若不能适应这种突然的变化，便会产生一种恐慌感。同时，雾天路面上的雾水与油、泥土相混合，使路面附着力减小，车轮容易打滑，制动距离增加，而驾驶员往往会忽视这一点，造成判断失误从而引发交通事故。

综上所述，雾对大桥交通安全的影响可以归纳为四个方面：能见度、路面摩擦系数、桥上位置以及驾驶员的误判。

8.5.4 冰

冰对大桥交通安全的影响主要体现在路面摩擦系数和路面积冰覆盖率[4,6]。

路面结冰对大桥行车安全的影响很大，积冰路面比雨天湿润路面的摩擦系数更低，很容易造成整车失衡，导致侧滑、甩尾、失控等事故的发生。并且积冰路面在强光照射下会产生眩光，使驾驶员视力下降，成为安全行车的潜在危险。不同车速在积冰路面的制动距离如图 8-2 所示。

研究发现，路面积冰通常有以下几种情况：①雨天过后或大雾天气，路面潮湿，地面温度低于 0℃形成冰面；②路面积雪，白天气温高于 0℃，在阳光照射下雪面融化，夜晚路面温度低于 0℃，路面“昼化夜冻”而结冰；③冬季积雪路面，在阳光下稍稍融化又重新结冰形成“黑冰”。研究表明，积冰路面的不同形成机理对交通安全的影响不尽相同，原因主要是驾驶员的重视程度不同。

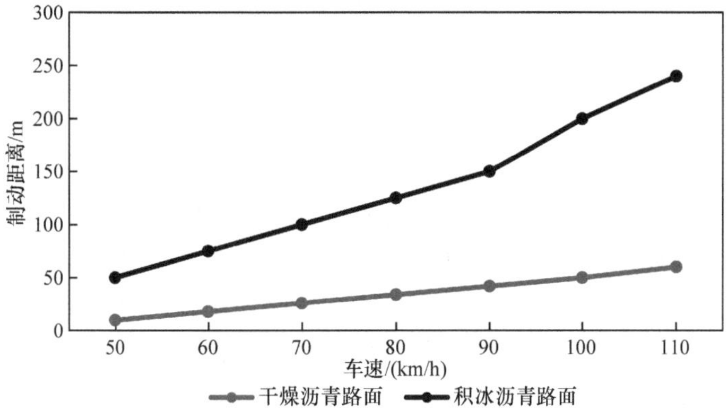

图 8-2　干燥路面与积冰路面不同车速制动距离的变化

此外，当全路结冰时，驾驶员高度警觉，行车速度缓慢，发生严重交通事故的概率较低，但轻微事故如追尾、剐蹭等较为频繁；当路面不完全结冰时，由于路面抗滑性分布不均，很容易因驾驶员对路面情况估计不足而发生事故，并且驾驶员存在尽快摆脱此路况的心理，容易出现鲁莽行为，引发较为严重的交通事故。

综上所述，冰对大桥交通安全的影响可以归纳为三个方面：路面摩擦系数、路面积冰覆盖率及驾驶员误判。

8.5.5　风

风对大桥交通安全的影响主要体现在风速、风向和能见度[7]。

一般认为，当风力在 6 级以上时，对车辆的正常行驶有一定的影响。大风会使车辆偏移行驶路线，侧滑、侧倾甚至侧翻。相同风速下，不同车型、不同的桥上位置对行车安全的影响是不同的。

(1) 车型：不同车型受侧风影响的程度依次为轿车<中型客车<集装箱挂车<微型客车，并且当侧向风速>15.5m/s(约为 7 级风)时，微型客车可能开始出现侧滑。

(2) 桥上位置：风在流经桥塔时，会产生大量的次生涡，湍流度大大增加，使得桥面气流变得不稳定，这会增大行驶车辆所受的提升力。因此，在同样风速下，桥塔处车辆行驶更危险，更容易发生事故。

根据车辆行驶方向与风向之间的关系，风一般分为三类：顺风、逆风和侧风。顺风会影响车辆驻坡制动；逆风会增加车辆行驶阻力，降低车辆上坡行驶极限；侧风会使车辆偏移行驶路线，出现侧滑、侧倾甚至侧翻。研究表明，对于干湿沥青路面，三种风向对行车安全影响程度依次为顺风<逆风<侧风。

此外，在某些地区，大风很可能引起扬沙天气甚至沙尘暴，使能见度降低，驾驶员视野受限，对行车安全威胁很大。若遇到暴风，还可能出现道路设施的破坏，如标志标线污损、桥梁断裂等，造成大规模的交通堵塞或交通事故。

综上所述，大风引起的交通安全问题不容忽视，并且这种危害性与风速、风向、车型、能见度以及桥上位置密切相关。

8.5.6 高温

高温会使车辆自身的故障率大大提高，也会导致路面出现泛油、拥包、坑槽等病害，经车辆碾压后造成大面积损坏。高温增加了火灾风险和基础设施损坏的可能。高温还直接影响驾驶员的生理、心理和精神状态，使其易疲劳，注意力降低。据研究，在气温高于 27℃的情况下，驾驶员对紧急情况的反应时间要比 23℃时增加 0.3s，如果此时的车速为 80km/h，则车辆的制动距离将会增加 7～8m。因此，高温天气事故率要比一般天气高出 50%～80%。

8.5.7 单因素灾害天气

通过对雨、雪、雾、冰、风、高温天气致灾机理的分析，可以确定一系列评价指标，这些指标可以很好地描述灾害天气对交通安全运营风险的影响，同时这些指标也与交通事故的发生直接相关。因此，建立单因素灾害天气下的交通事故链，具体如图 8-3 所示。

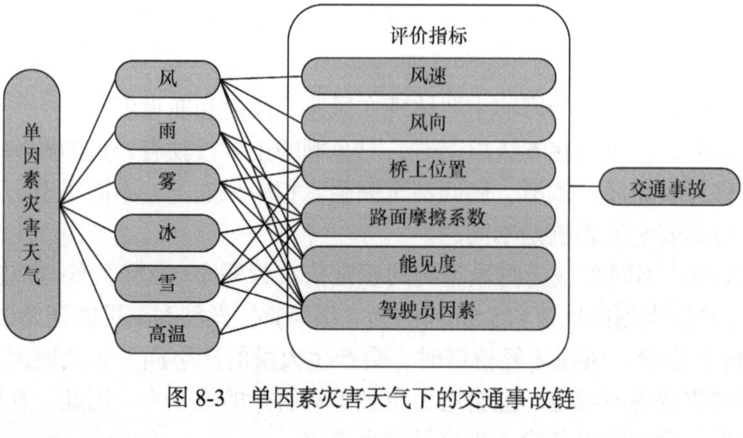

图 8-3 单因素灾害天气下的交通事故链

8.5.8 多因素灾害天气

多因素灾害天气对大桥交通安全的影响，跟单因素灾害天气的影响机理十分相似，它们具有一样的评价指标集，只是不同灾害天气对应的指标数量和影响程度存在明显差异。因此，建立多因素灾害天气下的交通事故链，如图 8-4 所示。

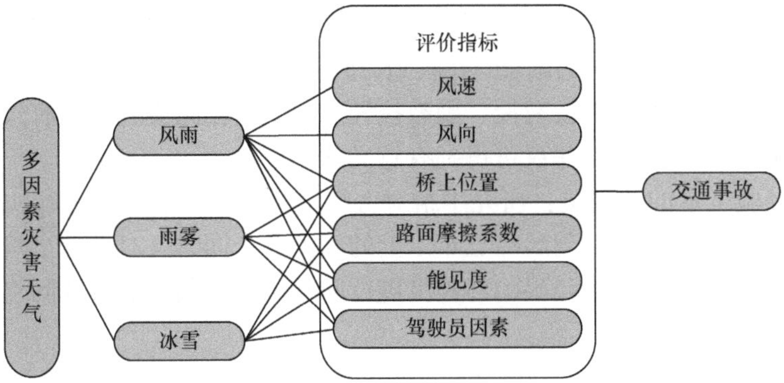

图 8-4　多因素灾害天气下的交通事故链

8.6　风险评价

灾害天气下苏通大桥交通安全运营风险评价采用多元有序 Logit 逻辑回归模型。该模型属于计量经济学的范畴，其主要特点如下。

(1) 因变量取值离散、非连续，自变量分为可观测变量和不可观测变量，其中可观测变量是指那些实际可获得的数据，而不可观测变量是指难以观测的变量或目前仍未发现有影响的变量。

(2) 多元有序离散选择模型与其他离散选择模型的主要区别是因变量的取值个数多于两个，并且这些离散数值间存在一定的逻辑大小顺序。

(3) 不可观测变量通常假定服从某种概率分布，不同的概率分布形式对模型的准确性和简洁性有重要影响，这里假设不可观测变量服从逻辑斯谛(logistic)分布。

项目研究中使用驾驶员问卷调查数据，该数据难以包含所有的风险因素，模型中必须假设某个随机误差项来修正不可观测的风险因素，并且考虑到大桥交通风险等级是离散有序的，所以建立多元有序 Logit 逻辑回归模型[8]。

8.6.1　数据来源

苏通大桥于 2008 年 6 月正式开通，项目研究开展时间为 2010 年，在此期间，交通事故与气象资料的积累还远远不够，所以研究小组决定采用调查问卷的方法来获取建模数据。

1. 调查对象选择

调查对象分为两类，即交通工程专家和经验丰富的驾驶员。

(1) 交通工程专家：首先，在研究小组内部预问卷，收到有效问卷 15 份，根据反馈结果调整问卷的结构和内容。然后，借助上海市交通运输工程学科研究生学术论坛，进行更为广泛的调查，共收到有效问卷 45 份。参加该论坛的学者包括交通工程的硕士、博士以及教授、副教授等，他们对公路交通技术有较为充分的认识，利用他们的判断与建议可得到有意义的结论。

(2) 经验丰富的驾驶员：研究小组对上海市主要客货运中心进行实地走访，调查经常往返苏通大桥、驾龄在五年以上的驾驶员，同时又对部分虽然不经常往返苏通大桥但有丰富驾驶经验的驾驶员进行问卷调查，共收到有效问卷 60 份。

2. 调查问卷设计

灾害天气下的交通运营风险调查，要充分考虑道路条件、交通状况、天气等级的影响，旨在对多种风险因素进行全息分析。问卷设计过程中，研究小组创新性地从交通安全和交通畅通两方面对灾害天气影响下的交通风险问题进行等级划分。表 8-5 是雨天大桥交通运营风险调查问卷，其他天气情况以此类推。

表 8-5　雨天大桥交通运行风险调查表

雨天大桥交通运营风险等级描述
1 轻微风险：能见度轻微降低，对行车视距影响不大，车辆的制动距离略微增加，对行车安全有轻微影响，可保持正常车速行驶
2 一般风险：能见度较差，对行车视距有明显影响，车辆与路面的摩擦力有所下降，制动距离明显增加，车辆操作难度有所增加，对行车安全有一定的影响，驾驶员需降低车速行驶
3 严重风险：能见度很差，对行车视距有严重影响，车辆与路面的摩擦力严重下降，车辆易产生侧滑，操作难度明显增加，制动距离明显增加，对行车安全有严重的影响，驾驶员需以低速行驶，以保证安全
4 灾难性风险：能见度极差，行车视距模糊，前方障碍物难以辨认，车辆与路面的摩擦力极度下降，操作难度极大，车辆行驶速度很低，极易产生严重侧滑甚至失控
雨天大桥交通运营风险调查
雨天等级描述： (1) 小雨：能见度大于等于 200m、小于 500m (2) 中雨：能见度大于等于 100m、小于 200m (3) 大雨：能见度大于等于 50m、小于 100m (4) 暴雨：能见度小于 50m
(1) 道路平坦顺直，路上车辆较少时：
小雨(　) 中雨(　) 大雨(　) 暴雨(　)
(2) 道路平坦，但路侧有障碍物影响，路上车辆较少时：
小雨(　) 中雨(　) 大雨(　) 暴雨(　)
(3) 道路平坦，但存在长上坡和转弯，路上车辆较少时：
小雨(　) 中雨(　) 大雨(　) 暴雨(　)
(4) 道路平坦顺直，路上车辆较多时：
小雨(　) 中雨(　) 大雨(　) 暴雨(　)

续表

雨天大桥交通运营风险调查
(5) 道路平坦，但路侧有障碍物影响，路上车辆较多时：
小雨(　) 中雨(　) 大雨(　) 暴雨(　)
(6) 道路平坦，但存在长上坡和转弯，路上车辆较多时：
小雨(　) 中雨(　) 大雨(　) 暴雨(　)

考虑部分调查对象对大桥结构不熟悉，故将桥上位置进行模糊处理，即道路平坦顺直，代表主桥段；道路平坦但路侧有障碍物影响，代表桥塔段；道路平坦但存在长上坡和转弯，代表引桥段。

8.6.2 风险评价模型

1. 数据处理

多元有序 Logit 逻辑回归模型的建模数据来自问卷调查，其中变量多为定性变量，所以如何量化非常重要。这里将定性变量分为两类：分类变量和等级变量。需要注意，为避免回归模型的多重共线性，若某分类变量有 m 个分类，一般用 $m-1$ 个虚拟变量来表示。以雨天为例，具体量化方法见表 8-6。

表 8-6　雨天大桥交通运营风险调查数据量化方法

问卷信息		定性变量	虚拟变量
分类变量	桥上位置(1)	桥塔段	1
		其他段	0
	桥上位置(2)	引桥段	1
		其他段	0
等级变量	交通量	较高	2
		较低	1
	雨天等级	暴雨	4
		大雨	3
		中雨	2
		小雨	1
	交通运营风险等级	灾难性的	4
		严重的	3
		一般的	2
		轻微的	1

2. 模型原理

灾害天气下大桥交通运营风险等级 y_i 是因变量且离散有序，可观测变量 x_i 包括桥上位置、交通量和雨天等级，不可观测变量设为 ε_i，且服从逻辑斯谛分布。此时，因变量无法直接与自变量建立函数关系，需假设一个连续性潜在变量 y_i^*：

$$y_i^* = \sum_j^J x_{ij}\beta_{ij} + \varepsilon_i, \quad y_i = 1,2,\cdots,M \tag{8-1}$$

式中，y_i^* 和 y_i 的关系是若连续性潜在变量 y_i^* 超过某个临界值，则对应 y_i 的一个确定性选择。

假设多重选择有 M 个，则 y_i 与 y_i^* 的关系为

$$y_i = \begin{cases} 1, & y_i^* \leqslant c_1 \\ 2, & c_1 < y_i^* \leqslant c_2 \\ 3, & c_2 < y_i^* \leqslant c_3 \\ \vdots & \quad \vdots \\ M, & c_{M-1} < y_i^* \end{cases} \tag{8-2}$$

式中，临界值满足 $c_1<c_2<\cdots<c_{M-1}$。因此，只要将量化后的问卷数据输入式(8-1)中就能确定一个方程，再采用极大似然估计的方法来求解自变量系数和临界值，完成模型的建立与求解。

3. 模型建立与求解

实际操作中，利用 Eviews 软件的 Ordered Choice 模块，采用二次爬山(quadratic hill climbing)算法，计算多元有序 Logit 逻辑回归模型中的自变量系数与临界值。需要注意的是，计算结果表明，雨天桥塔段对交通运营风险没有明显影响。为保证模型精度，将该变量剔除，只考虑引桥段的影响，最终计算结果见表 8-7。

表 8-7 多元有序 Logit 逻辑回归模型的参数估计与检验

变量	系数	标准差	z-统计量	P
雨天等级 x_1	2.354926	0.244718	9.623038	0.0000
桥上位置 x_2	1.844487	0.357247	5.163057	0.0000
交通量 x_3	1.259019	0.339736	3.705878	0.0002
临界值	系数	标准差	z-统计量	P
c_1	6.864830	0.874228	7.852447	0.0000
c_2	10.45320	1.130002	9.250605	0.0000
c_3	13.16622	1.301396	10.11699	0.0000

续表

模型评价指标	系数	模型评价指标	系数
伪决定系数	0.401272	赤池信息准则	1.617482
贝叶斯信息准则	1.725567	对数似然	−136.3384
H-Q 信息准则	1.661321	限制对数似然	−227.7135
似然比	182.7502	平均对数似然	−0.774650
似然比概率	0.000000		

将求解结果代入上述模型，即有

$$Y^* = 2.3549x_1 + 1.8444x_2 + 1.2590x_3 \tag{8-3}$$

$$Y = \begin{cases} 1, & Y^* \leqslant 6.8648 \\ 2, & 6.8648 < Y^* \leqslant 10.453 \\ 3, & 10.453 < Y^* \leqslant 13.166 \\ 4, & 13.166 < Y^* \end{cases} \tag{8-4}$$

考虑到不可观测项(随机误差项)服从逻辑斯谛分布，灾害天气下苏通大桥交通运营风险不同等级对应的概率可以表示为

$$\begin{cases} P(Y=1) = @\text{CLOGISTIC}(6.8648 - Y^*) \\ P(Y=2) = @\text{CLOGISTIC}(10.453 - Y^*) - @\text{CLOGISTIC}(6.8648 - Y^*) \\ P(Y=3) = @\text{CLOGISTIC}(13.166 - Y^*) - @\text{CLOGISTIC}(10.453 - Y^*) \\ P(Y=4) = 1 - @\text{CLOGISTIC}(13.166 - Y^*) \end{cases} \tag{8-5}$$

式中，@CLOGISTIC(x)是 x 的函数，称作逻辑累积分布函数(cumulative logistic distribution)。

实际运营过程中，苏通大桥管理部门只要给定某一时段的天气条件、桥上位置以及交通流状况，即可计算该条件下不同风险等级的概率，从而有针对性地做好风险预警和资源配置等工作，以降低突发事件对交通安全运营的影响。

8.6.3 风险等级

综上所述，根据式(8-3)和式(8-5)，计算雨天苏通大桥交通运营的风险水平及对应概率，计算结果见表 8-8。其中，灰色标记的风险等级的概率是最大的。其他灾害天气下交通运营风险等级的计算方法与之类似，见表 8-9～表 8-16，不再赘述。

表 8-8　雨天苏通大桥交通运营风险评价

雨天等级	桥上位置	交通量	轻微风险	一般风险	严重风险	灾难性风险
小雨	主桥段	较少	0.96	0.04	0.00	0.00
中雨			0.71	0.28	0.01	0.00
大雨			0.19	0.71	0.10	0.01
暴雨			0.02	0.42	0.48	0.08
小雨	主桥段	较多	0.88	0.12	0.00	0.00
中雨			0.41	0.55	0.04	0.00
大雨			0.06	0.64	0.27	0.03
暴雨			0.01	0.18	0.59	0.23
小雨	引桥段	较少	0.80	0.19	0.01	0.00
中雨			0.28	0.65	0.06	0.00
大雨			0.04	0.54	0.38	0.05
暴雨			0.00	0.11	0.54	0.34
小雨	引桥段	较多	0.54	0.44	0.02	0.00
中雨			0.10	0.70	0.18	0.02
大雨			0.01	0.26	0.58	0.15
暴雨			0.00	0.03	0.32	0.65

表 8-9　雪天苏通大桥交通运营风险评价

雪天等级	桥上位置	交通量	轻微风险	一般风险	严重风险	灾难性风险
小雪	主桥段	较少	0.84	0.15	0.01	0.00
中雪			0.43	0.50	0.06	0.01
大雪			0.10	0.55	0.29	0.06
暴雪			0.02	0.20	0.49	0.30
小雪	主桥段	较多	0.68	0.30	0.02	0.00
中雪			0.23	0.60	0.14	0.02
大雪			0.04	0.39	0.44	0.13
暴雪			0.01	0.09	0.39	0.51
小雪	引桥段	较少	0.62	0.35	0.03	0.00
中雪			0.19	0.61	0.17	0.03
大雪			0.03	0.34	0.47	0.16
暴雪			0.01	0.07	0.35	0.57

续表

雪天等级	桥上位置	交通量	轻微风险	一般风险	严重风险	灾难性风险
小雪	引桥段	较多	0.40	0.52	0.07	0.01
中雪			0.09	0.53	0.31	0.06
大雪			0.01	0.18	0.49	0.32
暴雪			0.00	0.03	0.20	0.76

表 8-10 雾天苏通大桥交通运营风险评价

雾天等级	桥上位置	交通量	轻微风险	一般风险	严重风险	灾难性风险
薄雾	主桥段	较少	0.90	0.09	0.01	0.00
中雾			0.64	0.32	0.03	0.00
大雾			0.26	0.58	0.15	0.02
浓雾			0.06	0.44	0.43	0.07
团雾			0.00	0.05	0.37	0.58
薄雾	主桥段	较多	0.73	0.24	0.02	0.00
中雾			0.35	0.54	0.10	0.01
大雾			0.10	0.51	0.34	0.05
浓雾			0.02	0.21	0.56	0.21
团雾			0.00	0.05	0.37	0.58
薄雾	引桥段	较少	0.71	0.27	0.03	0.00
中雾			0.32	0.55	0.12	0.01
大雾			0.08	0.49	0.37	0.06
浓雾			0.02	0.19	0.56	0.24
团雾			0.00	0.05	0.34	0.61
薄雾	引桥段	较多	0.42	0.49	0.08	0.01
中雾			0.12	0.55	0.29	0.04
大雾			0.03	0.26	0.55	0.17
浓雾			0.01	0.07	0.42	0.51
团雾			0.00	0.01	0.15	0.84

表 8-11 冰天苏通大桥交通运营风险评价

冰天等级	桥上位置	交通量	轻微风险	一般风险	严重风险	灾难性风险
局部有冰	主桥段	较少	0.30	0.63	0.06	0.01
全部有冰			0.05	0.58	0.33	0.04
局部有冰	主桥段	较多	0.04	0.51	0.40	0.06
全部有冰			0.00	0.13	0.55	0.33
局部有冰	引桥段	较少	0.05	0.59	0.31	0.04
全部有冰			0.01	0.18	0.57	0.24
局部有冰	引桥段	较多	0.00	0.13	0.55	0.31
全部有冰			0.00	0.02	0.20	0.79

表 8-12 风天苏通大桥交通运营风险评价

风天等级	桥上位置	交通量	轻微风险	一般风险	严重风险	灾难性风险
微风	主桥段	较少	0.94	0.06	0.00	0.00
强风			0.50	0.45	0.05	0.00
狂风			0.06	0.46	0.42	0.06
微风	主桥段	较多	0.75	0.24	0.02	0.00
强风			0.16	0.61	0.22	0.02
狂风			0.01	0.16	0.58	0.25
微风	引桥段	较少	0.77	0.21	0.02	0.00
强风			0.18	0.61	0.20	0.02
狂风			0.01	0.18	0.59	0.22
微风	引桥段	较多	0.39	0.53	0.08	0.01
强风			0.04	0.37	0.50	0.09
狂风			0.00	0.04	0.36	0.60

表 8-13 高温天苏通大桥交通运营风险评价

天气	桥上位置	交通量	轻微风险	一般风险	严重风险	灾难性风险
高温天气	主桥段	较少	1.00	0.00	0.00	0.00
	主桥段	较多	0.09	0.91	0.00	0.00
	引桥段	较少	0.45	0.55	0.00	0.00
	引桥段	较多	0.00	0.55	0.45	0.00

表 8-14　风雨天苏通大桥交通运营风险评价

风雨等级	桥上位置	交通量	轻微风险	一般风险	严重风险	灾难性风险
小风小雨	主桥段	较少	0.95	0.05	0.00	0.00
小风大雨			0.25	0.69	0.06	0.00
大风小雨			0.15	0.74	0.10	0.01
大风大雨			0.02	0.42	0.48	0.09
小风小雨	主桥段	较多	0.84	0.16	0.00	0.00
小风大雨			0.08	0.72	0.18	0.02
大风小雨			0.05	0.65	0.28	0.03
大风大雨			0.00	0.17	0.57	0.26
小风小雨	引桥段	较少	0.82	0.18	0.00	0.00
小风大雨			0.07	0.71	0.20	0.02
大风小雨			0.04	0.62	0.31	0.04
大风大雨			0.00	0.15	0.56	0.29
小风小雨	引桥段	较多	0.55	0.44	0.02	0.00
小风大雨			0.02	0.47	0.44	0.07
大风小雨			0.01	0.33	0.54	0.12
大风大雨			0.00	0.04	0.35	0.60

表 8-15　风雪天苏通大桥交通运营风险评价

风雪等级	桥上位置	交通量	轻微风险	一般风险	严重风险	灾难性风险
小风小雪	主桥段	较少	0.84	0.15	0.01	0.00
小风大雪			0.21	0.65	0.13	0.01
大风小雪			0.07	0.57	0.31	0.05
大风大雪			0.01	0.15	0.53	0.31
小风小雪	主桥段	较多	0.63	0.35	0.02	0.00
小风大雪			0.08	0.58	0.30	0.04
大风小雪			0.02	0.34	0.51	0.13
大风大雪			0.00	0.05	0.35	0.59
小风小雪	引桥段	较少	0.53	0.43	0.03	0.00
小风大雪			0.05	0.51	0.38	0.06
大风小雪			0.02	0.26	0.54	0.18
大风大雪			0.00	0.04	0.28	0.68

续表

风雪等级	桥上位置	交通量	轻微风险	一般风险	严重风险	灾难性风险
小风小雪	引桥段	较多	0.27	0.63	0.10	0.01
小风大雪			0.02	0.27	0.54	0.17
大风小雪			0.01	0.10	0.48	0.41
大风大雪			0.00	0.01	0.12	0.87

表 8-16　冰雾天苏通大桥交通运营风险评价

冰雾等级	桥上位置	交通量	轻微风险	一般风险	严重风险	灾难性风险
局部结冰薄雾	主桥段	较少	0.36	0.56	0.08	0.01
局部结冰大雾			0.11	0.59	0.26	0.04
局部结冰团雾			0.02	0.30	0.52	0.15
全部结冰薄雾			0.05	0.48	0.40	0.07
全部结冰大雾			0.01	0.15	0.53	0.31
全部结冰团雾			0.00	0.07	0.42	0.51
局部结冰薄雾	主桥段	较多	0.16	0.63	0.19	0.02
局部结冰大雾			0.04	0.40	0.46	0.10
局部结冰团雾			0.01	0.13	0.52	0.34
全部结冰薄雾			0.02	0.26	0.54	0.18
全部结冰大雾			0.00	0.06	0.37	0.57
全部结冰团雾			0.00	0.03	0.22	0.75
局部结冰薄雾	引桥段	较少	0.14	0.62	0.21	0.03
局部结冰大雾			0.03	0.37	0.49	0.11
局部结冰团雾			0.01	0.12	0.50	0.38
全部结冰薄雾			0.02	0.23	0.55	0.21
全部结冰大雾			0.00	0.05	0.34	0.61
全部结冰团雾			0.00	0.02	0.20	0.78
局部结冰薄雾	引桥段	较多	0.05	0.47	0.41	0.07
局部结冰大雾			0.01	0.17	0.54	0.27
局部结冰团雾			0.00	0.04	0.31	0.64
全部结冰薄雾			0.01	0.09	0.47	0.44
全部结冰大雾			0.00	0.02	0.16	0.82
全部结冰团雾			0.00	0.01	0.08	0.91

8.6.4 风险预警

具体根据专业天气预报、路网监测及苏通大桥现场监控的分析结果，对可能发生的和已知的灾害天气进行风险预警。预警级别依据事件可能造成的危害程度、紧急程度和发展势态，一般划分为四级，由低到高依次用蓝色、黄色、橙色和红色表示。这四种预警颜色分别与上述四种风险等级相对应，由低到高依次是轻微风险、一般风险、严重风险、灾难性风险，如图 8-5 所示。

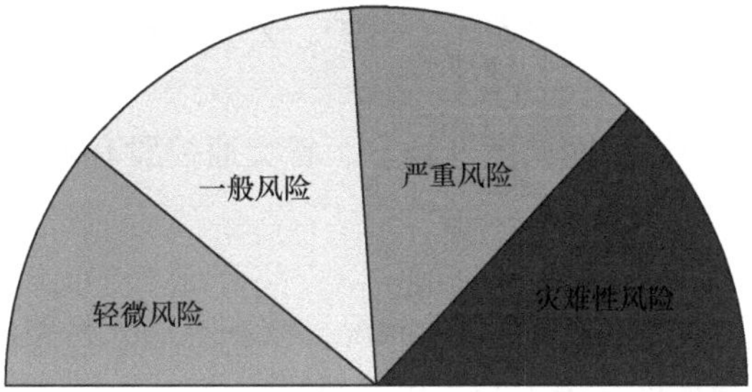

图 8-5 风险评价颜色预警

预警信息包括灾害天气的预警级别、起始时间、可能影响范围、警示事项、应采取的措施和发布机关等。预警信息的发布、调整和解除可通过广播、电视、移动通信、信息网络、可变信息板、流动宣传车、桥面扬声器、收费站发放卡片或人工提示等方式进行[9]。

(1) 轻微或一般风险。预警信息由苏通大桥应急指挥部发布和解除，并报省应急办公室备案。

(2) 严重或灾难性风险。预警信息由苏通大桥应急指挥部向省高速公路应急办公室提出预警建议，经省高速公路应急办批准后，由苏通大桥应急指挥部发布和解除。

8.7 风 险 应 对

8.7.1 应急组织机构

1) 交巡警大队

交巡警大队主要根据大桥应急指挥中心的信息划定警戒区、设置标志标牌、实行交通巡逻、交通指挥和管制，保障应急车道畅通，做好现场警戒和滞留车辆人员的疏散。

2) 营运安全部

(1) 加强对各部门安全生产管理工作的指导和监督，做好安全协调工作，配合有关部门做好安全设备设施配备。

(2) 及时组织有关部门和人员，分析事故原因，制定并落实安全防范措施，不断完善提高安全管理工作，消除设备设施等各方面的隐患，确保大桥安全畅通。

3) 调度指挥中心(应急指挥部)

(1) 加强值班，做好恶劣天气预报信息的收集、发布、记录等工作，并利用监控设备加强对桥面、南北引桥路面及相关部位的监视、监测。一旦发现异常或突发事件，立即通知相关单位前往处理，并密切注视事态的发展。

(2) 负责与路政、排障、收费站、养护、公安、交巡警、消防、救护、海事等单位的联系与协调。

(3) 负责与省交通厅路网调度办公室、省交通控股有限公司信息服务中心的联系与协调。

4) 路政大队

(1) 加强巡查，掌握桥(路)面交通状况，维护苏通大桥路(桥)产路(桥)权。发现异常情况及时上报调度指挥中心等相关部门。

(2) 配合交巡警组织好交通管制、车辆疏导以及突发事件的现场处置工作。

(3) 协助清障部门对故障车辆及时清障。

5) 排障大队

(1) 加强车辆设备设施的管理，确保在接警后能迅速赶赴现场，及时组织抢险和清除道路行车障碍。

(2) 加强训练，不断提高对不同突发事件的应变能力，熟练开展各种情况的抢险、清障工作。

(3) 协助其他部门做好相关工作。

6) 收费站

(1) 加强现场管理，严把入口关，对明令禁止上高速公路的车辆及时进行制止。

(2) 遇到恶劣天气，及时采取有效的防范措施，通过控制车流量、提醒和发放警示卡等，确保过往车辆安全有序通行。

(3) 及时清除收费广场、进出道口路面的油污、积雪和结冰等。

(4) 接到调度指挥中心指令后，应对收费道口进行管理，必要时通过交巡警配合，对过往车辆进行交通管理、疏导；对各种救护、抢险车辆让出专门通道，以便各种救援车辆迅速赶到事故现场。

(5) 值机、班长和安全员应加强值班和巡查，一旦在收费道口发生意外，一方面利用现有的设备设施施救，同时及时向调度指挥中心报告所发生的情况，以便采取有效措施进行处理，确保人身安全免遭伤害，财物和相关设备设施免遭损失。

7) 工程技术部

(1) 负责各类物质、专用车辆的准备工作。

(2) 对大桥区域交通安全设施、路面、桥梁做好维护保养工作，确保完好。

(3) 通知加强巡查，及时清除南、北接线道路上的障碍物。

8) 养护中心

(1) 加强设备管理，确保养护设备、车辆设备设施完好，随时处于待命状态。

(2) 恶劣天气加强巡查，与调度指挥中心保持密切联系，及时掌握第一手恶劣天气信息，及时清除桥面上的障碍物。

(3) 接调度指挥中心通知后要迅速组织有关人员、车辆、设备赶赴现场协助救护、现场清理等，路面有较大损坏时要立即组织抢修或采取应急措施，保证车辆通行，确保大桥安全畅通。

9) 机电中心

加强设备管理，确保各类设备的完好。

8.7.2　交通管制标准

1) 特级管制

能见度不足 30m，跨江主桥段侧向风力达到十级以上，或路(桥)面全线结冰，不能保障车辆安全通行时，实行特级管制。除重要领导特别紧急公务、紧急抢险救护等特殊车辆必须在警车带道下通行外，管制路段禁止其他各类车辆驶入，已驶入桥区路段的车辆必须开启雾灯、近光灯、示廓灯、前后位灯及危险报警闪光灯，并以不超过 20km/h 的速度就近驶离桥区路段或进入服务区休息。

2) 一级管制

能见度在 30m 以上 50m 以下，主桥段侧向风力大于 9 级，路(桥)面部分结冰，对车辆安全通过桥区路段有较大影响时，实行一级管制。禁止危险品运输车辆、“三超”车辆、大型客货车辆、重载大型货车、微型车辆和无有效后雾灯的车辆驶入，管制路段临时限速 40km/h、禁止超车；通行车辆必须开启雾灯、近光灯、示廓灯、前后位灯、危险报警闪光灯，保持车间距不小于 30m。

3) 二级管制

能见度在 50m 以上 100m 以下，主桥段侧向风力大于 7 级，桥区路段坡道、弯道等路(桥)面开始有积雪但尚未结冰，对车辆安全通过桥区路段有一定影响时，实行二级管制。禁止危险品运输车辆、“三超”车辆及重载大型货车驶入高速公路，管制路段临时限速 60km/h、禁止超车；通行车辆必须开启雾灯、近光灯、示廓灯、前后位灯，保持车间距不小于 50m。

4) 三级管制

能见度在 100m 以上 200m 以下，主桥段侧向风力大于 6 级，桥区开始出现降雪时，实行三级管制。管制路段临时限速 80km/h，禁止危险品运输车辆通行；通行车辆必须开启雾灯、示廓灯和前后位灯，保持车间距不小于 80m。

8.7.3 灾害天气应急预案(简版)

1. 雨

1) 小雨

(1) 调度指挥中心立即在可变情报板、可变限速标志上发布“雨天路滑，限速 80km/h”等提示信息。同时，打开桥面广播进行安全提醒。

(2) 调度指挥中心通知收费站、路政大队、排障大队、交巡警大队。

(3) 收费站按要求发放恶劣天气警告警示卡，并提醒司机“雨天路滑，谨慎驾驶，限速 80km/h”。同时，在入口处设置“雨天路滑，减速慢行”的标志牌。

(4) 路政大队收到通知后，立即安排车辆、人员上桥(路)巡查，途中将视距、雨量、车流量、障碍物等信息报告调度指挥中心。

(5) 排障大队安排人员做好各项准备工作，随时待命出发。

2) 中雨

(1) 调度指挥中心立即在可变情报板、可变限速标志上发布“雨天路滑，减速慢行，限速 60km/h”等提示信息。同时，打开桥面广播进行安全提醒。

(2) 调度指挥中心立即通知收费站实行三级管制，收费站按要求发放恶劣天气警告警示卡，并提醒司机“雨天路滑，限速 60km/h”。同时，在入口处设置“雨天路滑，减速慢行”的标志牌。

(3) 调度指挥中心通知路政大队、排障大队、交巡警大队。

(4) 路政大队收到通知后，立即安排车辆、人员上桥(路)巡查，途中将视距、雨量、车流量、障碍物等信息报告调度指挥中心。同时应做好协助交巡警封道分流工作。

(5) 排障大队安排人员做好各项准备工作，随时待命出发。

(6) 调度指挥中心立即向值班领导、省公路网规划办公室和信息服务中心汇报。

3) 大雨

(1) 调度指挥中心立即在可变情报板、可变限速标志上发布“雨天路滑，减速慢行，限速 40km/h”等提示信息。同时，打开桥面广播进行安全提醒。

(2) 调度指挥中心通知收费站实行二级管制，收费站按要求发放恶劣天气警告警示卡，并提醒司机“雨天路滑，限速 40km/h”。同时，在入口处设置“雨天路滑，减速慢行”的标志牌。

(3) 调度指挥中心立即通知路政大队、排障大队、交巡警大队。

(4) 路政大队收到通知后，立即安排车辆、人员上桥(路)巡查，途中将视距、雨量、车流量、障碍物等信息及时报告调度指挥中心。同时应做好协助交巡警封道分流工作。

(5) 排障大队安排人员做好各项准备工作，随时待命出发。

(6) 调度指挥中心立即向值班领导、省路网办和信息服务中心汇报。

4) 暴雨(当能见度小于 30m 时实施道路封闭)

(1) 调度指挥中心及时掌握天气预报情况，将暴雨信息报告公司、部门相关领导，并通知各执行单位。

(2) 收费站、养护中心、机电中心、服务区等执行单位做好设备设施的防雷、防雨措施，对屋顶、标志标牌、标语、移动物品、门窗等进行防范性加固。

(3) 调度指挥中心立即向公司领导汇报，得到同意后立即通知收费站关闭入口道口，收费站在入口处设置“道路封闭，禁止通行”的标志牌，并做好解释和驾乘人员的后勤服务工作。

(4) 调度指挥中心通知服务区只准车辆驶入，不准驶出，服务区要安排保安维持秩序。

(5) 调度指挥中心在可变情报板、可变限速标志上发布“道路封闭，禁止通行”等信息。

(6) 调度指挥中心立即通知路政大队、排障大队、交巡警大队。

(7) 调度指挥中心向省公路网规划办公室和信息服务中心汇报。

(8) 路政大队收到通知后，立即安排车辆、人员上桥(路)巡查，途中将视距、雨量、车流量、障碍物等信息及时报告调度指挥中心。同时应做好协助交巡警封道分流工作。

(9) 排障大队安排人员做好各项准备工作，随时待命出发。

2. 雪

1) 小雪

(1) 调度指挥中心立即在可变情报板、可变限速标志上发布“雪天路滑，减速慢行，限速 80km/h”等信息。同时，打开桥面广播进行安全提醒。

(2) 调度指挥中心通知收费站、路政大队、排障大队、交巡警大队。

(3) 收费站按要求发放恶劣天气警告警示卡，并提醒司机“雪天路滑，请减速慢行”。同时，在入口处设置“雪天路滑，减速慢行”的标志牌。

(4) 路政大队收到通知后，立即安排车辆、人员上桥(路)巡查，途中将视距、雪情、车流量、障碍物等信息及时报告调度指挥中心。

(5) 排障大队安排人员做好各项准备工作，随时待命出发。

2) 中雪

(1) 调度指挥中心立即在可变情报板、可变限速标志上发布“雪天路滑，减速慢行，限速 60km/h”等提示信息。同时，打开桥面广播进行安全提醒。

(2) 调度指挥中心按苏通大桥管理局编制的《交通运行信息报告程序》进行汇报，并通知各执行单位。

(3) 调度指挥中心立即通知收费站实行三级管制，收费站按要求发放恶劣天气警告警示卡，并提醒司机“雪天路滑，限速 60km/h”。同时，在入口处设置“雪天路滑，减速慢行”的标志牌。

(4) 调度指挥中心立即通知路政大队、交巡警大队加强巡查。

(5) 路政大队收到通知后，立即安排车辆、人员上桥(路)巡查，途中将视距、雪情、车流量、障碍物等信息及时报告调度指挥中心。同时应做好协助交巡警封道分流工作。

(6) 排障大队安排人员做好各项准备工作，随时待命出发。

3) 大雪

(1) 调度指挥中心立即在可变情报板、可变限速标志上发布“雪天路滑，减速慢行，限速 40km/h”等提示信息。同时，打开桥面广播进行安全提醒。

(2) 调度指挥中心按《交通运行信息报告程序》进行汇报，并通知各执行单位。

(3) 调度指挥中心立即通知收费站实行二级管制，收费站按要求发放恶劣天气警告警示卡，并提醒司机“雪天路滑，限速 40km/h”。同时，在入口处设置“雪天路滑，减速慢行”的标志牌。

(4) 调度指挥中心立即通知路政大队、交巡警大队加强巡查。

(5) 路政大队收到通知后，立即安排车辆、人员上桥(路)巡查，途中将视距、雪情、车流量、障碍物等信息及时报告调度指挥中心。同时应做好协助交巡警封道分流工作。

(6) 排障大队安排人员做好各项准备工作，随时待命出发。

4) 暴雪(能见度小于 30m，实施道路封闭)

(1) 调度指挥中心立即向公司领导汇报、向省公路网规划办公室和信息服务中心汇报，经同意后通知收费站关闭道口，通知路政大队、排障大队，联系交巡警大队加强交通管制。

(2) 调度指挥中心立即在可变情报板、可变限速标志上发布“大桥封闭，禁止通行”等提示信息。

(3) 收费站禁止放行车辆，同时在入口处设置“道路封闭，禁止通行”的标志牌，并做好解释和驾乘人员的后勤服务工作。

(4) 调度指挥中心通知服务区只准车辆驶入，不准驶出。服务区要安排保安维持秩序。

(5) 路政大队收到通知后，立即安排车辆、人员上桥(路)巡查，途中将视距、雪情、车流量、障碍物等信息及时报告调度指挥中心。同时应做好协助交巡警封道分流工作。

(6) 排障大队安排人员做好各项准备工作，随时待命出发。

3. 雾

1) 薄雾

(1) 调度指挥中心立即在可变情报板、可变限速标志上发布“能见度低，减速慢行，限速 80km/h”等提示信息。同时，打开桥面广播进行安全提醒。

(2) 调度指挥中心通知收费站、路政大队、排障大队、交巡警大队。

(3) 收费站按要求发放恶劣天气警告警示卡，并提醒司机“今日有雾，谨慎驾驶”。同时，在入口处设置“今日有雾(能见度低)，减速慢行”的标志牌。

(4) 路政大队收到通知后，立即安排车辆、人员上桥(路)巡查，途中将视距、雾情、车流量、障碍物等信息及时报告调度指挥中心。

(5) 排障大队安排人员做好各项准备工作，随时待命出发。

2) 中雾

(1) 调度指挥中心立即在可变情报板、可变限速标志上发布“能见度低，减速慢行，限速 60km/h”等提示信息。同时，打开桥面广播进行安全提醒。

(2) 调度指挥中心按《交通运行信息报告程序》进行汇报，并通知各执行单位。

(3) 调度指挥中心立即通知收费站实行三级管制，收费站按要求发放恶劣天气警告警示卡，并提醒司机“今日有雾，限速 60km/h”。同时，在入口处设置“今日有雾(能见度低)，减速慢行”的标志牌。

(4) 调度指挥中心立即通知路政大队、交巡警大队加强巡查。

(5) 路政大队收到通知后，立即安排车辆、人员上桥(路)巡查，途中将视距、雾情、车流量、障碍物等信息及时报告调度指挥中心。同时应做好协助交巡警封道分流工作。

(6) 排障大队安排人员做好各项准备工作，随时待命出发。

3) 大雾

(1) 调度指挥中心立即在可变情报板、可变限速标志上发布“能见度低，减速慢行，限速 40km/h”等提示信息。同时，打开桥面广播进行安全提醒。

(2) 调度指挥中心按《交通运行信息报告程序》进行汇报，并通知各执行单位。

(3) 调度指挥中心立即通知收费站实行二级管制，收费站按要求发放恶劣天气警告警示卡，并提醒司机“今日有雾，限速 40km/h”。同时，在入口处设置“今日有雾(能见度低)，减速慢行”的标志牌。

(4) 调度指挥中心立即通知路政大队、交巡警大队加强巡查。

(5) 路政大队收到通知后，立即安排车辆、人员上桥(路)巡查，途中将视距、雾情、车流量、障碍物等信息及时报告调度指挥中心。同时应做好协助交巡警封道分流工作。

(6) 排障大队安排人员做好各项准备工作，随时待命出发。

4) 浓雾(能见度小于 30m，实施道路封闭)

(1) 调度指挥中心立即向公司领导汇报、向省公路网规划办公室和信息服务中心汇报，经同意后通知收费站关闭道口，通知路政大队、排障大队，联系交巡警大队加强交通管制。

(2) 调度指挥中心立即在可变情报板、可变限速标志上发布“大桥封闭，禁止通行”等提示信息。

(3) 收费站禁止放行车辆，同时在入口处设置“道路封闭，禁止通行”的标志牌，并做好解释工作和驾乘人员的后勤服务工作。

(4) 调度指挥中心通知服务区只准车辆驶入，不准驶出。服务区要安排保安维持秩序。

(5) 路政大队收到通知后，立即安排车辆、人员上桥(路)巡查，途中将视距、雾情、车流量、障碍物等信息及时报告调度指挥中心。同时应做好协助交巡警封道分流工作。

(6) 排障大队安排人员做好各项准备工作，随时待命出发。

5) 团雾(局部路段)

(1) 调度指挥中心立即在可变情报板、可变限速标志上发布“前方××公里有团雾，减速慢行”等提示信息。同时，打开桥面广播进行安全提醒。

(2) 调度指挥中心立即通知相关收费站，收费站按要求发放恶劣天气警告警示卡，并提醒司机“今日有团雾，请您谨慎驾驶”。

(3) 调度指挥中心立即通知路政大队、排障大队、交巡警大队。

(4) 路政大队收到通知后，立即安排车辆、人员上桥(路)巡查，途中将视距、雾情、车流量、障碍物等信息及时报告调度指挥中心。

(5) 排障大队安排人员做好各项准备工作，随时待命出发。

(6) 调度指挥中心立即将有关雾情汇报公司分管领导。

4. 风

1) 信息收集

调度指挥中心通过桥梁结构健康监测系统中风速风向仪或气象台获得桥面实

时风速。

2) 信息发布

(1) 调度指挥中心将气象信息通报收费站、路政大队、排障大队、交巡警大队等部门，要求各部门启动相应预案，并根据天气条件向相关单位发布撤销或变更等级的信息。

(2) 当桥面 7 级风，阵风 8 级时，桥面限速 40km/h，调度指挥中心在情报板上发布信息，通知收费站禁止危险化学品运输车辆通过大桥，并发放警示卡。

(3) 当桥面 8 级风，阵风 9 级时，桥面限速 20km/h，调度指挥中心在情报板上发布信息，通知收费站禁止危险化学品运输车辆通过大桥，并发放警示卡。

(4) 如需封闭大桥，则按苏通大桥管理局编制的《交通管制处置预案》执行。

3) 各部门工作内容

(1) 各单位责任人保持 24h 通信畅通。

(2) 调度指挥中心加强对气象的收集，变更情报板信息，加强对大桥设施的监控和巡视，通知邻近高速苏通大桥因大风开始交通管制。

(3) 路政大队、交巡警大队加强对桥面的巡查。

(4) 排障大队加强对车辆的保养工作，启动大风条件下的清障预案。

(5) 停止桥面施工作业。工程技术部通知桥面施工、养护作业单位停止作业，撤离桥面。

(6) 收费站发放警示卡，禁止相关车辆过桥，提醒驾驶员限速行驶。

8.8　本章小结

高速公路桥梁作为关键的交通基础设施是公路网中的重要节点，保障其安全、高效、便捷地运营是一项非常重要的任务。本章以苏通大桥为例，运用风险管理的方法与过程，研究灾害天气对大桥交通运营安全的影响，并提出相应的防治措施及对策。具体而言，识别桥区的主要灾害天气，包括单因素灾害天气(雨、雪、雾、风、冰、高温)和多因素灾害天气(风雨、风雪、冰雾)；分析上述灾害天气可能导致交通事故的机理与过程；评价不同条件下大桥交通运营的风险等级；编制灾害天气的应急预案。研究内容涵盖了风险识别、风险分析、风险评价、风险应对等风险管理的主要内容。该项目可以显著提高大桥交通运营的安全保障能力，做到提前预警、实时判别、立即响应，也是风险管理理论在公路交通技术领域的成功应用与尝试。

参考文献

[1] 黄冰娥. 恶劣天气下高速公路行车风险分析与预警管理研究[D]. 上海：上海交通大学，

2012.
[2] 黑桂芳. 不良天气条件下跨海大桥安全运营系统研究[D]. 西安: 长安大学, 2011.
[3] 贺芳芳, 房国良, 吴建平, 等. 上海地区不良天气条件与交通事故之关系研究[J]. 应用气象学报, 2004, 15(1): 126-128.
[4] 金伟祥, 汪忠军. 雨雪冰冻天气高速公路交通管理的实践与思考[J]. 公安学刊, 2008, (3): 105-107.
[5] 段广云, 朱晓龙, 沈振宇. 雾天高速公路的交通管制方式及处置措施[J]. 公路交通技术, 2004, (2): 81-83.
[6] 樊军. 灾变条件下公路重大交通基础设施运营安全对策研究[D]. 上海: 同济大学, 2006.
[7] 蔡晓男, 陈圣迪, 蒋愚明, 等. 侧风对桥面车辆转弯安全性的影响分析[J]. 交通信息与安全, 2015, (6): 77-81.
[8] Cai X, Chen S, Zhu S, et al. Investigation of drivers' risk perception under rainy weather conditions[J]. Advances in Transportation Studies: An International Journal, 2016, 38: 21-32.
[9] 姜晨明, 邓成刚, 季锦章. 基于 TSIS 仿真的广深沿江高速公路(深圳段)雨天交通疏散模型[J]. 广东公路交通, 2014, (5): 47-50.

第 9 章　邮轮航道安全运营风险管理研究——以上海市为例

9.1　项 目 概 况

近年来，世界旅游业的发展推动了国际邮轮行业的不断发展。随着豪华邮轮陆续抵靠上海港，上海市迎来了以上海港为母港运营的各类大型邮轮，标志着上海市建立邮轮母港已具备了基础条件，也推动了上海市邮轮经济的实质性进展，为成为名副其实的国际航运中心打下了坚实的基础[1]。

2009 年位于黄浦江畔北外滩的上海港国际客运中心(图 9-1)的建成，使上海港成为亚洲最繁忙的国际邮轮母港之一。按北外滩 1200m 海岸线同时停泊 4 条载客 2800 人的邮轮计算，全年 52 周若每周停泊一次，4 条船全年可停泊 200 航次，如此年抵返上海市的客流量就达到 100 万人次以上。倘若能引来更多的国际邮轮，每日有 4 个航次停泊，则将可使抵返人数扩大 7 倍。仅以每名乘客在沪消费 400 元计算，带动的消费额就可达数十亿元。

图 9-1　上海港国际客运中心

9.2　项 目 意 义

大型邮轮进出上海港，就黄浦江航段来说，除受风、流的影响外，还受到黄浦江宽度、水深、过桥空中限高等多种因素的影响，针对邮轮引航的操作要求限制更多[2]。统计资料显示，目前，黄浦江平均每月发生各类事故 4 起，造成的经济损失高达千万余元。因此，亟须对上海市邮轮航道的安全运营展开风险研究。

项目的意义是为上海市邮轮引航作业风险管理实现程序性管理提供范例，确保邮轮在进出上海港码头的航道内的航行安全，保障长江高效顺畅通航，保障船舶、设施和生命财产的安全，加强长江口深水航道通航安全管理，维护船舶航行秩序，最大限度地发挥深水航道的效能，促进长江流域和长三角地区的经济发展。

9.3 环境建立

上海市邮轮航道安全运营风险管理研究是运用风险管理的理论、方法与过程，分析与评价邮轮进入长江、黄浦江水道的安全状况与潜在威胁，提出邮轮在黄浦江航道通航的安全管理办法，并为改善和保障邮轮船只在长江、黄浦江水道安全行驶提出政策与对策。此外，根据上海港邮轮码头布局，本章研究范围为涉及邮轮进出上海港的通航水域，包括进出吴淞口国际客运码头途经的长江口水域、长江上海段水域、驶往上海港国际客运中心码头的黄浦江水域。同时，对事故多发的长江口船舶定线制水域、吴淞口和圆圆沙警戒区水域和黄浦江水域进行重点研究。

9.4 风险识别

根据人机环境管理(man-machine-environment-management, MMEM)理论，邮轮通航事故是人、船舶、通航环境、海事管理等因素之间相互作用的结果。

9.4.1 人为因素

人为因素通常是指人的行为能力本应达到系统要求的功能而未达到，人为使系统出现故障或发生机能不良事件的一种错误行为[3]。研究表明，大部分邮轮航道事故都是人为因素引起的，项目中涉及的人为因素包括船员因素和航运监管人员因素。

船员因素包括船长业务及管理水平、船员责任心及安全意识、船员业务能力、船员沟通能力和旅客素质。船员的综合素质直接关系到船舶行驶的可靠程度，继而关乎船舶在航道行驶的安全程度；同时，邮轮的船员多数为外国船员，进出黄浦江航道需要船员与岸上监管人员及海事引航人员保持良好的沟通，因此语言沟通能力也是保证航道航行安全的重要指标。与此同时，邮轮上的旅客也会对邮轮航道航行造成潜在威胁，在发生意外事故时是不稳定因素，甚至会造成一些人为事故，如“霸船”事件。

航运监管人员因素包括监管人员的安全价值观、安全管理知识、日常值班管理及管理能力。航运监管人员对于邮轮航道航行有保驾护航的作用，他们可以第一时间监控船舶运行动态，对其进行监管和风险规避，因此监管人员的素质对于邮轮航道航行安全有至关重要的作用。

9.4.2　船舶因素

船舶是在水上移动的建筑物，而豪华邮轮等大型客运船舶更可谓是“水上城市”，其规模庞大且功能复杂的结构、机械、动力、航行等系统决定了在工作过程中更容易且更多地受到船舶自身问题、外界恶劣条件或人为因素的影响而造成水上事故[4]。

船舶因素包括船舶尺度、船龄、船体结构、机器设备(主机、发电机、空压机、舵机、锚机、绞缆机、起重机等)、泵、锅炉、油水气电系统、管线、船柜、电气设备、自动控制装置、航行操纵设备、(电子)导航助航仪器、航海机船图书资料、通信设备、各类工具仪器仪表、消防设备、救生设备、防污染设备等诸多方面，每一个要素对船舶安全都有一定的影响。

邮轮因其自身的船舶特点更易发生事故，主要特点包括：邮轮上层建筑高，盲区大，影响瞭望；一些邮轮船桥伸出船舷，受到航道超宽限制；能见度不良时，邮轮航行安全和船期矛盾；邮轮驾驶台资源管理不当，引航员和驾驶员无适任资格等。

9.4.3　通航环境因素

通航环境对邮轮在航道内航行有很大的影响。通航环境包含港口航道的水文条件，航道水深、水宽条件，航道上船舶交通流条件等[5]。历史数据表明，大多数事故与船舶通航条件有直接或间接关系，在水文气象条件不佳、航道水深过浅或航道狭窄、船舶交通流密集混杂时，极易发生船舶碰擦、搁浅事故，这类事故通常损失不大，但确实最容易发生，因此通航环境因素对于判断邮轮在航道内通航的安全意义十分重大。

通过调研得知，就上海港邮轮进出通航环境而言，除了常规航道气象、水文及碍航物影响，其他主要的通航环境问题包括长江口复杂的船舶交通流及航道情况、黄浦江两岸夜间灯光视觉影响、雾霾天气频发、大小船语音通信不畅、对江轮渡频繁。

9.4.4　海事管理因素

海事监管人员虽然不直接参与邮轮在航道内的航行任务，但是对于邮轮船舶进出航道具有十分重要的引导作用，尤其外国邮轮船员通常不熟悉黄浦江航道状况，极易发生与其他船舶的擦碰，威胁航道内其他船舶航行安全[5]。

对上海市邮轮航道安全管理来说，列入海事管理因素的还包括航道安全监管法律法规、邮轮航道公共服务、邮轮航道安全管理预案体制、安全监管技术手段等。

9.5　风险分析

根据上述风险识别的成果，将影响邮轮在航道内航行安全性的风险因素进行归纳性总结。但是就上海市邮轮航道而言，由于其航道情况的特殊性，进出港邮轮船舶在航道内的安全性需要进行筛选甄别。

本项目在大量文献的基础上，配套制作了《上海市邮轮航道航行风险因素调查问卷》(见附录)，通过对熟悉上海市邮轮航道运行的港航专家进行专项访谈调研，对上海市邮轮航道综合安全风险因素进行有重点的确定，提高该研究的科学性和可操作性。

该调查问卷主要发放对象包括上海海事局管理人员、引航人员、船员、航运科研人员，共发放问卷 30 份，回收 24 份，回收率满足要求。具体对可能的人-环境-船-管理各因素进行初步筛选，结合专家对各因素进行打分判别，最终获取下列因素作为评判上海市邮轮航道安全性的风险因素，如图 9-2 所示。

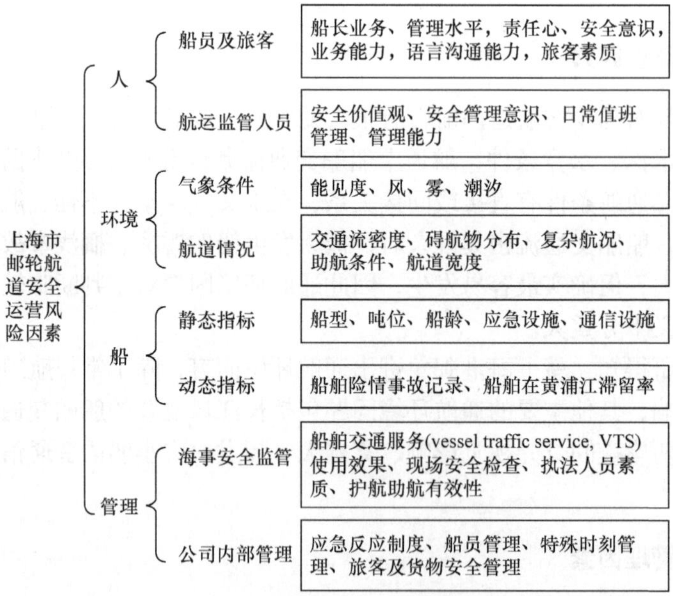

图 9-2　上海市邮轮航道安全运营风险分析

9.6 风险评价

9.6.1 指标体系

首先，依据我国加入的国际公约、国内相关法规和标准，在立足于本行业特点的基础上借鉴同行业研究成果，并充分考虑海事管理的需求，对各种风险因素进行系统分析；其次，通过对风险因素的宏观分类，总结出概要指标体系集；再次，分析概要指标内在联系和相互作用规律，获得指标体系和二级指标体系；最后，在完成指标体系初选基础上，采用专家调查法广泛征求并借鉴、吸收大量专家学者的建议，对指标体系进行修正，归纳总结出最终的指标体系。

具体而言，根据上海市邮轮航道安全运营风险评价指标体系的设置思想、构建原则和国内外的相关经验，从邮轮在航道内发生事故的风险源出发，结合航道、船舶的实际情况制作调研问卷，问卷主要针对海事监管人员、船上工作人员及引航人员，同时听取专家的意见，最终得出上海市邮轮航道安全运营风险评价指标体系，如图 9-3 所示。

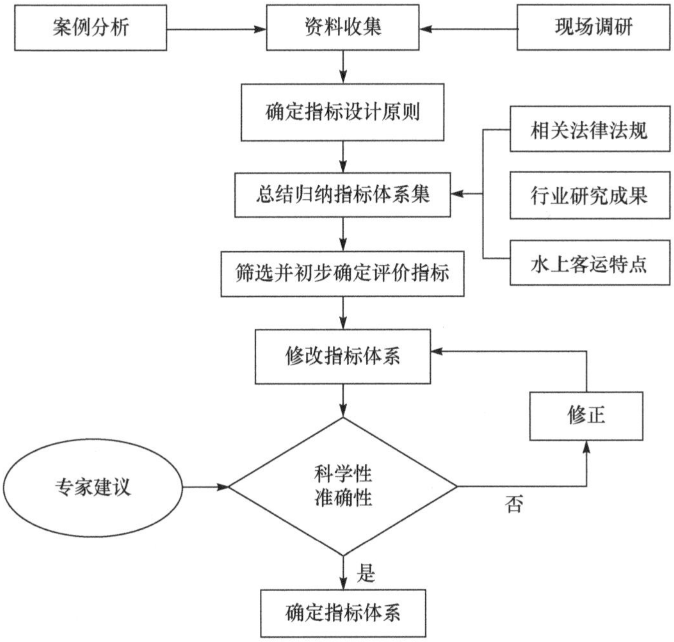

图 9-3　上海市邮轮航道安全运营风险评价指标体系建立流程

依据图 9-3 所示流程建立的上海市邮轮航道安全运营风险评价指标体系见

表 9-1。在该指标体系中，部分指标是可以进行量化的，如气象条件、交通流密度、碍航物分布、航道宽度、船舶吨位、船龄，在评价打分时可以直接进行量化评价。部分量化标准见表 9-2～表 9-4。

表 9-1　上海市邮轮航道安全运营风险评价指标体系

一级指标	二级指标	三级指标
人	船员及旅客	船长业务、管理水平
		责任心、安全意识
		业务能力
		语言沟通能力
		旅客素质
	航运监管人员	安全价值观
		安全管理知识
		日常值班管理
		管理能力
环境	气象条件	能见度
		风
		雾
		潮汐
	航道情况	交通流密度
		碍航物分布
		复杂航况或特殊交通点
		助航条件
		航道宽度
船	静态指标	船型、吨位
		船龄
		船舶应急设施(救生、消防)
		船舶通信设施
	动态指标	船舶险情、违章及事故记录
		船舶在黄浦江航道内滞留率
管理	海事安全监管	VTS 使用效果
		现场安全检查
		执法人员素质
		护航助航有效性
	公司内部管理	应急反应制度
		船员管理
		特殊时段管理
		旅客及货物安全管理

表 9-2　船舶分级及换算系数表

船舶分级序号	总吨位/t	船长/m	换算系数
1	100 以下	30 以下	0.25
2	100～499	30～49	0.5
3	500～2999	50～89	1
4	3000～5999	90～114	1.18
5	6000～9999	115～134	1.41
6	10000～14999	135～154	1.7
7	15000～19999	155～169	2
8	20000～29999	170～194	2.25
9	30000～39999	195～214	2.5
10	40000～59999	215～245	3
11	60000 及以上	246 及以上	4

表 9-3　助航条件优劣程度分级标准

优劣程度	评价指标值
优	助航标志完善率大于 90%且岸上能提供交通监测、危险预警和交通咨询服务
良	助航标志完善率大于 70%且岸上能提供交通监测、危险警告服务，或助航标志完善率大于 80%
中	助航标志完善率为 60%～69%
差	助航标志完善率小于 60%

表 9-4　港口及附近水域船舶交通安全评价指标危险等级的分级标准

指标	优	良	中	差	上海港情况	上海港安全评级
低能见度天数/(天/年)	20 以下	30	45	50 以上	110～140	差
标准风天数/(天/年)	45 以下	75	120	150 以上	35	优
船长/航道宽	0.4 以下	0.6	0.8	1 以上	2.65	差
航道长/航道宽	50 以下	75	125	150 以上	280(黄浦江)	差
交通特殊点/(个/海里)	0.2 以下	0.3	0.4	0.5 以上	0.23	良

续表

指标	优	良	中	差	上海港情况	上海港安全评级
碍航物分布/(个/海里)	0.5 以下	0.7	1	1.5 以上	0.06	优
交通密集程度/(艘/天)	30 以下	60	120	150 以上	1035	差
助航条件完备率/%	90	70	60	低于 60	80	良
航道交通事故/(件/年)	20 以下	30	40	50 以上	18(仅客运船舶)	中

注：交通特殊点指船舶汇聚分散处、航道交叉处和航道弯头；碍航物分布指碍航物在航道周围的分布情况。

9.6.2　指标权重

层次分析法(analytic hierarchy process, AHP)是美国学者 Saaty 在 20 世纪 70 年代提出的一种多目标决策分析方法。首先，把影响被评价对象的各种错综复杂的因素按照相互作用、影响及隶属关系划分成有序的递阶层次结构。然后，基于客观现实的主观判断，对相对于上一层次的下一层次中的因素进行两两比较，再经过数学计算与检验，获得最低层相对于最高层的相对重要性权重，并进行排序。

该方法的基本思路是，首先建立有序的递阶指标系统，然后主观地将指标两两比较构造判断矩阵，再根据判断矩阵进行数字处理及一致性检验，即可获得指标的相对重要性权重。

具体计算步骤如下。

1) 对指标进行两两比较，构造判断矩阵

判断矩阵见表 9-5，标度表见表 9-6。

表 9-5　判断矩阵

指标	X_1	X_2	…	X_n
X_1	b_{11}	b_{12}	…	b_{1n}
X_2	b_{21}	b_{22}	…	b_{2n}
⋮	⋮	⋮		⋮
X_n	b_{n1}	b_{n2}	…	b_{nn}

表 9-6　标度表

标度值	含义
1	X_i与X_j比同等重要
3	X_i与X_j比稍微重要
5	X_i与X_j比重要
7	X_i与X_j比很重要
9	X_i与X_j比极其重要
2，4，6，8	分别表示相邻判断

注：X_i与X_j比较得到b_{ij}，X_j与X_i比较得到$b_{ji}=1/b_{ij}$。

2) 计算各指标的权重

层次分析法表明判断矩阵 B 的最大特征根所对应的特征向量是各指标的权重向量。这样，计算各指标的权重就归结为求矩阵 B 的最大特征根所对应的特征向量。求解这一特征向量的方法有很多，最简单实用的是方根法。

第一步，计算判断矩阵 B 的每一行元素的积 M_i：

$$M_i=\prod_{j=1}^{n}b_{ij},\quad i=1,2,\cdots,n \tag{9-1}$$

第二步，求各行 M_i 的 n 次方根 w_i'：

$$w_i'=\sqrt[n]{M_i} \tag{9-2}$$

第三步，对 w_i' 做归一化处理，即得各指标的权重 w_i：

$$w_i=\frac{w_i'}{\sum_{i=1}^{n}w_i'} \tag{9-3}$$

3) 对判断矩阵进行一致性检验

第一步，用权重向量 $W=(w_1,w_2,\cdots,w_n)^{\mathrm{T}}$ 右乘判断矩阵 B，得到一个 n 阶列向量 BW，再根据式(9-4)可求得判断矩阵 B 的最大特征根 $\lambda_{\max}$：

$$\lambda_{\max}=\frac{1}{n}\sum_{j=1}^{n}\frac{(BW)_i}{w_i} \tag{9-4}$$

式中，$(BW)_i$ 代表列向量 BW 的第 i 个分量。

第二步，计算衡量判断矩阵偏离一致性的指标 CI：

$$\mathrm{CI}=\frac{\lambda_{\max}-n}{n-1} \tag{9-5}$$

第三步，根据式(9-5)可知，一致性指标 CI 与指标个数 n 有关。为得到不同指标个数均使用的检验一致性的标准，还需计算随机一致性比率 CR：

$$\mathrm{CR} = \frac{\mathrm{CI}}{\mathrm{RI}} \tag{9-6}$$

式中，RI 为随机一致性标准值，具体取值参见表 9-7。当 $\mathrm{CR} < 0.10$ 时，一般认为判断矩阵 B 具有满意的一致性，否则需要调整判断值，直至通过一致性检验。

表 9-7　随机一致性检验表

n	1	2	3	4	5	6	7	8	9	10	11	12	…
RI	0	0	0.58	0.90	1.12	1.24	1.32	1.41	1.45	1.49	1.52	1.54	…

结合上述层次分析法的具体实施步骤，计算上海市邮轮航道安全运营风险评价指标体系权重，见表 9-8。

表 9-8　上海市邮轮航道安全运营风险评价指标体系权重表

目标层	基本层		权重	指标层	权重
上海市邮轮航道安全运营风险评价指标体系	人为因素	船员及旅客	0.2030	船长业务、管理水平	0.2312
				责任心、安全意识	0.2673
				业务能力	0.3016
				语言沟通能力	0.1295
				旅客素质	0.0714
		航运监管人员	0.1756	安全价值观	0.0631
				安全管理知识	0.2063
				日常值班管理	0.4352
				管理能力	0.2594
	环境因素	海况	0.1702	能见度	0.2500
				风	0.2500
				雾	0.2500
				潮汐	0.2500
		航道交通情况	0.1702	交通流密度	0.3061
				碍航物分布	0.1235
				复杂航况或特殊交通点	0.2253
				助航条件	0.0999
				航道宽度	0.2552

续表

目标层		基本层	权重	指标层	权重
上海市邮轮航道安全运营风险评价指标体系	船舶因素	静态指标	0.0581	船型、吨位	0.3500
				船龄	0.3410
				船舶应急设施(救生、消防)	0.1418
				船舶通信设施	0.1672
		动态指标	0.0402	船舶险情、违章及事故记录	0.6000
				船舶在黄浦江航道内滞留率	0.4000
	管理因素	海事安全监管	0.1700	VTS 使用效果	0.2594
				现场安全检查	0.4352
				执法人员素质	0.2063
				护航助航有效性	0.0631
		公司内部管理	0.0127	应急反应制度	0.2938
				船员管理	0.3135
				特殊时段管理	0.1303
				旅客及货物安全管理	0.2624

通过权重表可以看出，有将近 40%的因素属于人为因素，不仅包括船上船员操作，也包括岸上监管人员的监管工作、船员应具备职业道德和应有的业务能力，在实现邮轮运行管理、避免突发事故、保证航行安全等方面发挥积极作用。

安全指标权重表中的第二重要因素是环境因素，该因素直接关系到邮轮进出港的外部操作环境，也是事故发生的直接导火索。环境因素包含气象条件及航道交通情况，从权重表可以看出风雾等气象条件和航道交通流密度是需要关注的重点。

9.6.3　风险评价方法

对邮轮在航道中的航行安全问题不能孤立地对待，必须用系统论的观点来研究。综合评价方法有很多种，如危险度分级法、概率风险评价法、系统分析评价法、模糊综合评价法等。考虑所获得的原始数据具有模糊性，上海市邮轮航道安全运营风险评价采用模糊综合评价法[6-8]，旨在反映邮轮在航道航行安全的现实情况，寻找上海市邮轮码头管理的薄弱环节，为保障邮轮在航道内航行安全、提升上海港邮轮母港形象提供技术保障。

1. 数学方法

模糊综合评价法的具体建模步骤如下。

1) 建立层次结构模型

上海市邮轮航道安全运营风险评价指标体系分为三个层次：目标层、准则层和指标层，建立影响评价对象的各个风险因素所组成的集合，见表 9-1。目标层 A 分为 4 个准则，即 $A=\{B_1,B_2,B_3,B_4\}$。其中，准则层 B_i 又包含 n 个指标，即 $B_i=\{B_{i1},B_{i2},\cdots,B_{in}\}$。

2) 确定权重集

为体现每个指标对系统整体安全性的重要程度，采用层次分析法确定指标权重。

3) 确定评语集

根据邮轮航道安全运营风险分级的需要，将目标层划分为四个等级(优、良、中、差)以建立评语集 $V=\{V_1,V_2,V_3,V_4\}$。

4) 建立模糊评价矩阵

利用模糊数学理论，先由专家根据研究对象的人为、环境、船舶、管理方面的实际情况，通过必要的计算分析，求出各个风险因素属于评语集中不同评语的隶属关系，确定模糊评价矩阵 R 如下：

$$R=(R_1,R_2,\cdots,R_4)=\begin{bmatrix} r_{11} & r_{12} & \cdots & r_{1n} \\ r_{21} & r_{22} & \cdots & r_{2n} \\ \vdots & \vdots & & \vdots \\ r_{n1} & r_{n2} & \cdots & r_{nn} \end{bmatrix} \tag{9-7}$$

5) 建立模糊综合评价模型

层次结构指标体系的模糊综合评价思路：首先从最底层开始评价，再将每一层的评价结果作为对上一层因素的评价集，之后对较高一层进行评价，直到最高层。需要注意的是，各层次的风险因素必须满足独立性假设。模糊综合评价模型可表示为

$$B=\omega R \tag{9-8}$$

依据指标权重的大小兼顾所有风险因素，经过度量与权衡，得出总体模糊评价集 $B=(b_1,b_2,b_3,b_4)$，归一化后得 $B'=(b_1',b_2',\cdots,b_n')$。其中，$b'=\dfrac{b_i}{\sum_{i=1}^{n} b_i}$ $(i=1,2,\cdots,n)$。

6) 评价结论

根据评判集 B' 和最大隶属度原则，对上海市邮轮航道安全运营风险水平做出最终评价，并依据评价集 V 得出相应评价结论和改进措施。

2. 风险评价

以上海市邮轮航道安全运营为调研对象，将风险水平分为优、良、中、差四个等级。实际发放调查问卷 100 份，回收率高于 80%，受访人员主要包括从事水运安全监管的工程师、客运站主管、客运主任及相关船舶船上工作人员。受访人员依据评价集对非量化指标进行等级评价，根据其频率统计得出隶属度估计值，见表 9-9。

表 9-9　上海市邮轮航道安全运营风险评级表

目标层	基本层		权重		指标层	评价值			
						优	良	中	差
上海市邮轮航道安全运营风险评价	人为因素	船员及旅客	0.2030	0.2312	船长业务、管理水平	0.2	0.6	0.2	0
				0.2673	责任心、安全意识	0	0.6	0.3	0.1
				0.3016	业务能力	0	0.6	0.4	0
				0.1295	语言沟通能力	0	0.4	0.4	0.2
				0.0714	旅客素质	0.2	0.6	0.2	0
		航运监管人员	0.1756	0.0631	安全价值观	0.4	0.4	0.2	0
				0.2063	安全管理知识	0.2	0.4	0.4	0
				0.4352	日常值班管理	0.4	0.4	0.2	0
				0.2594	管理能力	0.2	0.6	0.1	0.1
	环境因素	气象条件	0.1702	0.2500	能见度	0	0.2	0.4	0.4
				0.2500	风	0.4	0.4	0.2	0
				0.2500	雾	0.2	0.6	0.2	0
				0.2500	潮汐	0.2	0.4	0.4	0
		航道交通情况	0.1702	0.3061	交通流密度	0	0.2	0.2	0.6
				0.1235	碍航物分布	0	0.5	0.5	0
				0.2253	复杂航况或特殊交通点	0.2	0.8	0	0
				0.0999	助航条件	0.6	0.4	0	0
				0.2552	航道宽度	0	0.2	0.5	0.3
	船舶因素	静态指标	0.0581	0.3500	船型、吨位	0.4	0.4	0.2	0
				0.3410	船龄	0	0.6	0.2	0.2
				0.1418	船舶应急设施	0.2	0.5	0.2	0.1
				0.1672	船舶通信设施	0.1	0.3	0.6	0
		动态指标	0.0402	0.6000	船舶险情、违章及事故记录	0.1	0.5	0.4	0
				0.4000	船舶在黄浦江航道内滞留率	0	0.4	0.4	0.2

续表

目标层	基本层		权重	指标层	评价值			
					优	良	中	差
上海市邮轮航道安全运营风险评价	管理因素	海事安全监管 0.1700	0.2594	VTS 使用效果	0.5	0.3	0.2	0
			0.4352	现场安全检查	0.1	0.5	0.4	0
			0.2063	执法人员素质	0.6	0.4	0	0
			0.0631	护航助航有效性	0.1	0.4	0.5	0
		公司内部管理 0.0127	0.2938	应急反应制度	0.2	0.4	0.4	0
			0.3135	船员管理	0.4	0.4	0.2	0
			0.1303	特殊时段管理	0.4	0.4	0.2	0
			0.2624	旅客及货物安全管理	0.2	0.2	0.6	0

三级模糊综合评价内容如下。

(1) 船员因素指标层：$B_1 = \omega R_1$=[0.0605,0.5741,0.3138,0.0526]。

(2) 航运监管人员指标层：B_2=[0.3033, 0.4032, 0.2575, 0.0000]。

(3) 气象条件指标层：B_3=[0.3000, 0.4000, 0.2000, 0.1000]。

(4) 航道交通情况指标层：B_4=[0.1050, 0.3942, 0.2506, 0.2602]。

(5) 船舶静态指标层：B_5=[0.1850, 0.4657, 0.2669, 0.0824]。

(6) 船舶动态指标层：B_6=[0.0600, 0.4600, 0.4000, 0.0800]。

(7) 海事安全监管指标层：B_7=[0.3033, 0.4032, 0.2575, 0.0000]。

(8) 邮轮公司内部管理指标层：B_8=[0.2888, 0.3475, 0.3637, 0.0000]。

二级模糊综合评价：

$$B=\omega R=\omega\cdot[B_1,B_2,B_3,B_4,B_5,B_6,B_7,B_8]^{\mathrm{T}}=[0.1839, 0.4472, 0.2738, 0.0846]$$

综上所述，利用最大隶属原则，选取模糊综合评价最大值 0.4472 作为最终的评价结果，根据其对应的风险等级，得到目前上海市邮轮航道安全运营风险评价等级为“良”。

3. 结果分析

从最终的评价结果来看，上海市邮轮航道安全运营风险水平总体良好，但仍存在以下问题。

船员本身素质较高，海事部门监管基本到位，但是还不稳定，存在一定缺陷，旅客素质某种程度上对邮轮在航道内通航有一定威胁，集中体现在出现事故时旅客过度维权，给船舶进出港造成不必要的困难，一定程度上影响航道通航安全。

航道情况不容乐观，黄浦江基本通航条件可以保证，但是其气象条件、通航交通流量仍是大型邮轮进出上海港的制约因素，需要采取措施改善通航环境，并考虑制定相关规定以规范航道航行，给邮轮提供更为良好的通航环境。

邮轮公司内部管理虽然在上海市邮轮航道安全管理评价方面所占权重不大，但是邮轮公司自身安全管理水平直接关系到发生事故后应急救援的有效性，因此应建立起优良的邮轮公司管理以保证邮轮在上海市航道通航的安全。

9.7　风 险 应 对

9.7.1　人为因素的应对策略

(1) 把好用人关，严格人员培训和考核。为此，我国专门制定了相关的政策以规范船员培训的实施，如 1997 年施行的《中华人民共和国船员培训管理规则》。国际上，《STCW78/95 公约》在国际海事组织和缔约方的全面实施，使各缔约方更重视船员综合素质的提高，未来应在此基础上出台相应的细则来保证船员适任性。

(2) 加强对海事监管人员的培训，鼓励其加强锻炼，熟悉航道和引航事务，提高安全意识，增强语言能力，更好地服务于外国邮轮的引航工作。

(3) 加强旅客安全及维权教育，使其明确邮轮旅行相关规定及可能出现的突发事件，同时上海港应联合旅行社、邮轮公司等相关责任方建立行之有效的“霸船”事件解决方案以减少类似事件的发生。

(4) 重视引航工作。

① 海事巡逻艇和拖轮对超大型邮轮的进出港安全起到保驾护航的作用，应当坚持使用。

② 张华浜小轮锚地遇到偏东风时锚地小船容易偏离锚地进入出口航道；何家湾小轮锚地遇到偏南风时锚地小船容易偏入进口航道；4～11 号系船浮系带的小驳船遇到偏北风时容易偏入进口航道等，这些影响航行的情况应事先给予控制。

③ 张华浜和军工路集装箱码头正好是张华浜湾段的起始点和终止点，航道既是弯形的又较窄，因此，该两处码头在超大型邮轮经过时须把集装箱桥吊收起，靠泊船舶的摆杆必须收到里舷，以确保邮轮顺利通过。

④ 大型邮轮的船长具有丰富的航海经验，对本船的操作性能了如指掌。引航员与船长之间应有更加密切的联系，相互交流，相互尊重。引航员要主动询问船舶的操作特性，同时把操作计划、港口的相关情况，特别是风、流情况主动告知船长，在靠离泊过程中密切协作，以确保安全靠离泊，顺利完成引航任务[9]。

(5) 加强应急人员培训，提高应急处置能力。加强指挥中心指挥员和其他应急人员的技能培训，不断提高水上突发事件的应对能力；要求指挥人员和现场处置人员掌握应急体系文件，定期举行演练，增强配合协调的能力，并对体系的每次运行进行评估总结。

9.7.2　船舶因素的应对策略

1) 国际邮轮进出港全程护航

国际邮轮抵上海港，VTS 控制中心应安排专人利用 VTS 管理平台对国际邮轮进行点对点全程监护服务，优先安排国际邮轮进出港走北槽深水航道，提醒其他船舶礼让大型国际邮轮，确保大型国际邮轮的安全和准点。加强 VTS 控制中心值班人员的英语服务水平，保持与外轮的及时有效沟通。

国际邮轮在黄浦江航行需要始终处于海事全程监护服务内。黄浦江辖区的相关海事部门除正常维护该段水域通航秩序外，还应使用海事数字电视监控系统(closed-circuit television, CCTV)、船舶自动识别系统(automatic identification system, AIS)、全球眼、智能视频分析系统等密切关注国际邮轮航行，指派海事网格艇全程提供现场护航服务。

2) 加快船舶数据库建设，建立黑名单制度

完善和丰富船舶各项数据信息，建立、健全船舶所有信息的电子档案，保证能够查看船舶签证、安检、专项检查等情况，及时掌握目前船舶的状况。

9.7.3　通航环境因素的应对策略

(1) 实行错峰、让峰管理[10]。在长江上海段及附近水域实行错峰、让峰管理，在船舶流量较大时段，对从南槽上端进口船舶实行临时交通管制，要求船舶不驶离吴淞口锚地，张家浜沿岸码头不进行靠离泊作业，这不仅可以改善该水域通航环境，也可以缓解大型邮轮船舶进港压力，降低安全风险。

(2) 提高北槽航道通航效率。可以在北槽进口设置辅助航道；利用北槽航道潮汐规律，科学合理地对进口船舶实施有效管控；对北槽船舶进行科学合理排序，引导其高效候潮进港。

(3) 加强对重点时段、重点水域、恶劣天气的船舶交通监控。重点时段船舶交通监控主要集中在船舶交通流大、长江口船舶编队管制、慢速船舶流出现等时段；重点水域船舶交通监控包括上文所述事故多发地段及弯曲河段；恶劣天气船舶交通监控重点做好预防工作，通过甚高频通信(very high frequency, VHF)系统、短信平台等发布信息，做好船舶疏散，合理安排航道内船舶抛锚。

(4) 优化航道通航环境，合理设置航道、锚地、引航作业区。在长江口航道

设置应急锚地和临时锚地以应对突发情况，快速恢复通航；北槽航道距离吴淞口国际邮轮码头过近，事故易发，因此可以考虑引航作业区外移，北槽航道的向外延伸要求目前的引航作业区也需外移。虽然接送引航员难度会增加，但是移到长江口 A 警戒区以东的引航作业区，能使船舶聚集区远离北槽航道端口，引航员对长江口水域水文气象的熟悉、较强的船舶操纵能力，以及中外籍船舶间沟通的顺畅等因素，都有助于航行安全。

9.7.4　海事管理因素的应对策略

(1) 制定和完善上海市邮轮航道安全运营风险管理应急预案。在现有上海市客运船舶安全预警框架内，建立邮轮航道安全运营风险管理应急预案，一是建立跨部门的邮轮安全专项应急预案，并纳入上海市公共突发事件应急预案体系；二是将客运事故意外等其他突发情况纳入应急预案，如恶劣天气、碰撞等。在此基础上，建立邮轮航道应急数字化预案平台，即通过信息采集平台搜集应急监测、预警、准备信息，明确救援力量配备、部署和救援过程中每一方的任务，同时对应急处理进行有效的统计评估，通过反馈调整应急预案。

(2) 完善邮轮航道管理公共服务。目前黄浦江大部分水域未能覆盖 VTS，需要在将来加大 VTS 覆盖范围；同时上海市缺乏统一的公共信息平台，无法便捷提供船舶进出计划、船舶信息、气象信息等必要的船舶安全信息，建议未来重点进行该平台建设。

(3) 完善邮轮航道安全管理相关法律法规。在中国邮轮运输法规几近空白，传统的海上旅客运输的法律，无法适应邮轮经济下旅客运输环节的复杂性。邮轮公司在我国经营业务过程中，对于邮轮上发生的各类侵权行为、犯罪行为和突发状况并没有明确的行业规范和标准予以应对。邮轮公司与旅客之间签订的合同亦无标准的格式条款，邮轮的入关和口岸管理以及旅客的通关程序都没有明确的规定，这给海上邮轮旅客运输带来很多问题。

邮轮旅客运输在实务中完全照搬航空港的运营模式，这在理论上是可行的。邮轮旅客运输与民航旅客运输在法律关系上具有高度的同构性。应向欧美国家学习先进立法经验，完善邮轮安全立法工作，为保障邮轮安全及游客权益提供法律支持。建议由市交通委牵头推进邮轮安全管理立法，各相关管理部门在地方法规的框架下建立邮轮安全管理责任体系，并履行各自职责。

(4) 加强现场引航执法工作。针对事故多发水域，应做好充分戒备，除加强 VHF 收听、雷达观测外，船舶应备妥双锚，并在船首增加瞭望人员；引导船员谨慎驾驶，发挥良好船艺。对横越、追越进行严格管理监控，限制邮轮船舶及其他船舶最高航速，以 12kn 或以下为宜；提高水上安全指挥员综合素质，建立多样化的内部培训机制，完善事故后评估制度。

(5) 建议对邮轮安全监管技术条件进行专题研究论证，由上海市政府牵头建立相关安全技术标准，并提供经费保障。

(6) 建立完善的水上客运合作责任体系。海事主管机关结合实际情况，细化工作措施，定期开展评估和考核工作，稳步推进水上客运长效管理机制以推动地方政府和相关职能部门及港口经营人按照安全管理职责，逐级签订安全管理责任书，明确落实各级安全监管责任和港口经营人的安全生产主体责任。借地方各级政府的力量，落实安全管理目标责任制，强化责任追究。

(7) 整合执法力量，避免资源浪费。我国现有海上执法队伍存在执法力量分散、职能交叉、协调配合差、应急能力低等问题，直接影响执法效率。在遇到较为复杂的违法或侵害行为时，仅靠一家执法机关显得力不从心，往往需要联合执法，但根据行政机关各自的权属职责，联合执法不可能是常态的。例如，邮轮霸船事件发生后，多个部门去协调，虽然都是积极为事件的解决而努力，但是在执法过程中仍存在边界障碍，效果不明显。

(8) 借鉴油污基金经验，设立邮轮服务风险基金。我国尚处于邮轮产业的发展初期，随着邮轮经济的发展，因邮轮运输服务而产生的纠纷将呈上升趋势，因此可以借鉴油污损害赔偿基金制度，设立邮轮服务风险基金。因为油污损害赔偿基金制度已相对成熟，对于油污损害的赔偿力度和赔偿效果有目共睹，值得邮轮服务产业借鉴。创立邮轮服务风险基金还可以在一定程度上提高邮轮公司自身防范危险的意识和自觉性，在风险发生之后，通过风险基金的赔付，化解纠纷，解决问题。

9.8 本章小结

长江口及黄浦江航道情况复杂，船舶交通密集，为邮轮触碰、搁浅等事故高发地段，本章主要针对邮轮进入长江口在航道航行过程中的运营风险及预防方法进行了研究。主要内容包括：识别与分析黄浦江水道潜在的风险隐患；构建上海市邮轮航道安全运营风险评价指标体系；采用模糊综合评价法建立风险评价模型；依据评价结果提出长江、黄浦江深水航道邮轮通航的风险应对策略。项目研究旨在为上海市邮轮引航作业风险管理建立程序性管理范例，确保邮轮在进出上海港码头的航道内航行安全，保障长江高效顺畅通航，保障船舶、设施和生命财产的安全，加强长江口深水航道通航安全管理，维护船舶航行秩序，最大限度地发挥深水航道的效能，促进长江流域和长三角地区的经济发展，研究成果可为制定邮轮安全政策提供相应的决策依据。

参 考 文 献

[1] 陆元旦. 超大型邮轮进出黄浦江安全航行的思考[J]. 航海技术, 2010, (2): 20-22.

[2] 陈正华. 大型邮轮海港引航作业的安全分析与实施[J]. 中国航海, 2010, 33(2): 106-110.

[3] 白春江, 齐玉鹏. 海轮在内河航道中安全航行的注意问题[J]. 航海技术, 2010, (3): 24-25.

[4] 刘建华. 大型海轮进出长江航行风险与对策[J]. 物流工程与管理, 2011, (3): 104-105.

[5] 都述圣. 上海港外高桥航段特点、航行风险分析与对策[J]. 中国水运, 2012, (7): 11-13.

[6] 马泽武, 吴善刚, 肖英杰, 等. 模糊综合评价法在黄浦江旅游类船舶管理中的应用[J]. 中国水运, 2011, 11(5): 45-47.

[7] 邬惠国, 李松, 肖英杰. 基于水上交通冲突技术的船舶定线制警戒区安全评价[J]. 水运工程, 2012, (6): 58-62.

[8] 宋斗新. 综合安全评估在港口通航安全领域的应用[J]. 世界海运, 2008, 30(6): 26-28.

[9] Tam C K, Bucknall R, Greig A. Review of collision avoidance and path planning methods for ships in close range encounters[J]. Journal of Navigation, 2009, 62(3): 455-476.

[10] Pedersen P T. Review and application of ship collision and grounding analysis procedures[J]. Marine Structures, 2010, 23(3): 241-262.

第10章 城市轨道交通安全运营风险管理研究——以上海市为例

10.1 项目概况

轨道交通是城市公共交通的重要组成部分，城市轨道交通的安全运营对整个城市的高效有序运转有重要的实际意义。截至 2015 年 12 月，上海市轨道交通共开通线路 14 条(1～13 号线、16 号线)，全网运营线路总长 617km，车站 366 座(不含上海市磁浮示范运营线，3/4 号线共线段 9 个车站的运营路程不重复计算，多线换乘车站的车站数分别计数)，并有 5 条线路延伸规划、4 条线路新建计划。

2015 年 12 月 31 日，上海市地铁运量再破纪录，总人次达 1083.3 万，换乘 443.5 万人次。其中，6、9、11、12 号线创单线历史新高。上海市轨道交通呈现线路多，通车里程长、客流量大、网络化运营等特点，而轨道车站和轨道列车又是人流密集的公共场所，一旦发生突发事件，将对上海整个城市产生巨大的影响。例如，2007 年 10 月 3 条线路断电受阻 1h、2009 年 12 月 1 号线相撞事故、2011 年 10 号线追尾事故。因此，需要建立符合上海市实际的城市轨道交通安全运营风险管理体制和机制，减少突发事件发生的可能及后果。

10.2 项目意义

本项目从上海市轨道交通应急常态化、管理长效化的角度思考，结合 2014 年 4 月执行的《上海市突发事件应急预案管理实施办法》，从制度层面、运营层面和应急层面，探索建立符合上海实际的城市轨道交通安全运营风险管理体制和机制，编制较为完善的城市轨道交通安全应急操作手册，为上海市城市公共安全提供有力保障和科学依据；同时，为建立协调联动、分工明确、运转高效的风险管理体系提供重要支撑。如何克服当前部门条块分割的城市管理模式，如何摆脱对突发灾害重救援轻预防等思维惯性，探索建立一个能够重视基础管理、发挥专业力量、注重预防控制、具备高度可操作性的风险管理体系具有重大意义[1]。

10.3 环境建立

依托上海市轨道交通系统，针对因操作失误、设施故障、自然灾害、外部干扰等情况，探索建立城市轨道交通安全运营风险管理体系。项目研究范围还包括磁浮交通等其他有轨交通运营事故，在建轨道工程事故，以及在轨道交通网络中发生的恐怖袭击、公共卫生事件等。研究成果适用于与上海市轨道交通突发事件应急救援有关的各个部门，如上海市交通委员会所辖下属各管理部门、上海市各区/县政府部门及相关机构、在上海市辖区范围内从事轨道交通业务的相关企事业单位、其他与上海市轨道交通突发事件应急救援相关的政府职能部门(如公安、消防、卫生、环保部门等)。

10.4 风险识别

随着上海市轨道交通建设的迅猛发展，轨道交通网络运营的规模效应日益凸显。2013 年上海地铁发送旅客 25 亿人次，相当于 2014 年上海春运发送旅客总数的近 70%，轨道交通客运量占全市公共交通客运总量之比已达 39.4%，城市轨道交通正吸引越来越多的客流。上海市轨道交通网络运营现主要有以下特点[2]。

1. 客流变化幅度大，潮汐性明显

1) 工作日客流分布规律

根据 6 年来的随机抽样调查可知，上下班和上学的这两部分乘客占客流总量的近 50%。尽管历年抽样调查不能涵盖所有乘客，与实际客流构成存在一定的偏差，但多次随机抽样表明上述比例变化不大。小时客流量随城市生活的节奏变化在一日之内呈起伏状分布，夜间客流量稀少，黎明前后渐增，上班上学时间达到高峰，以后客流渐减，至下班或放学时间又出现第二个高峰，进入晚间客流又逐渐减少。

2) 周客流分布规律

由于人们的工作与休息是以周为循环周期进行的，这种活动的规律性必然会反映到一周内各日客流的变化上来。在以通勤、通学客流为主的轨道交通线路上，双休日的客流会有所减少；而在连接商业网点、旅游景点的轨道交通线路上，双休日的客流会有所增加。另外，星期一与节假日后的早高峰小时客流和星期五与节假日前的晚高峰小时客流，都会比工作日早晚高峰小时客流要大。

2. 换乘矛盾突出，换乘客流大

1) 换乘节点多

上海市轨道交通远景规划设车站 455 座，共形成 109 个换乘枢纽，其中两线换乘枢纽 93 个、三线换乘枢纽 13 个、四线以上换乘枢纽 3 个。换乘站占车站总数比例近 1/4。

2) 换乘客流大，部分车站换乘不便

地铁相交站点的换乘客流比例平均为 26%，但不同地铁相交站点的换乘比例有很大不同，例如，人民广场站 1、2 号线的换乘比例为 48%，中山公园站 2、3 号线的换乘比例为 15%，1 号线上海体育馆站和 3 号线漕溪路站换乘比例为 3.5%，这种差异主要与地铁站点所处的地理位置、换乘设施布置、线路走向等因素有关。

3. 网络线路客流分布不均

在轨道交通线路上，由于线路行经区域的用地开发性质不同，所覆盖的客流集散点的规模和数量不同，所以线路中各个车站乘降人数不同，单向线路各个断面的客流不均衡。此外，同一线路不同区段断面流量差异也很大，2 号线城市中心区段长度仅为全线的 30%，其客运周转量却占全线的 70%。

4. 行车差异大，运能与客流不匹配

由于上海地铁客流呈现明显的潮汐性，高峰客流与平峰客流差距明显，所以应根据客流分布规律制定行车组织方案。尽管现有行车计划也是根据各线及各断面客流量不同而有所差别，但是总体来说，运能与客流不匹配的现象还是广泛存在的。

5. 运营模式单一

(1) 交路方式单一。尽管上海市地铁网络不断完善，线路长度不断增加，但大部分线路只有一个长交路，只有 1、3 号线为混合交路，这样，整条线路都配备相同的运能，在市郊等乘客人数较少的区段就存在运能的浪费。

(2) 列车停站方式单一。目前所有的线路车辆都是站站停，造成一些长距离出行的乘客出行时间过长。当然，造成运营模式单一的原因是多方面的，但通过制定更为科学的列车运行图、丰富的运营交路方式和停站方式都可以在一定程度上提高上海地铁的运营效率。

根据上海市轨道交通运营特点，结合突发事件的发生过程、影响性质和演变机理[2]，将城市轨道交通突发事件主要分为四大类。

(1) 气候类：恶劣天气、防台防汛、防雪防冻、高温、强雷电、雾霾、地震。

(2) 公共安全类：公共治安事件、火灾、防恐、爆炸、非法人员控制列车、公共卫生、生化/毒气、信息安全。

(3) 客运事故类：大客流专项、区间疏散、车站疏散、应急公交短驳、客伤、人员侵入线路。

(4) 设施设备故障类：车辆救援、列车事故、车站失电、列车失电、信号故障、通信故障、自动售检票系统(automatic fare collection system, AFC)故障、线路故障、防淹门/人防门故障、水管爆裂。

10.5　风险分析

自 1993 年开通至今，上海市轨道交通客流以年均超过两位数的百分比大幅度增长，轨道交通日益成为重要的城市公共交通出行方式，上海市轨道交通已经全面进入网络化运营阶段。

与单线运营相比，网络化运营使原来单线运营中的风险向整个网络中扩散并产生放大效应。同时也产生了单线运营中不存在的新风险。具体表现在以下方面。

(1) 网络化运营造成单线风险的线间传递。随着网络化运营的形成，换乘客流急剧上升，网络中任何一点发生的风险都会随着客流换乘对整个网络产生影响，在网络化运营条件下形成风险的“蝴蝶效应”。

(2) 网络化运营对风险的影响产生放大效应。在网络化条件下，轨道交通线网密度大大提高，站点的乘客流量也大大增加，而地铁线路和站点设施很难与城市不同区域的客流需求相匹配，这样必然带来运力和运量之间的矛盾，一旦出现，这种矛盾将会通过网络放大，从而给整个网络的安全运营带来挑战。

(3) 不同线路系统不兼容造成的风险。由于不同线路的建成时间不同，早期建成的线路采用的信号等系统较为落后，与刚投入运营的新线路系统不兼容。这无疑给网络化运营的调度和管理带来了风险。

(4) 急速发展和人才稀缺造成的风险。轨道交通运营里程的快速增长，需要大量管理人才、运营人才、专业技术人才，对于普通的初中级运营、生产人员，企业可以采用社会招聘、校园招聘、联合办学等方式进行招募培养，但对于中高级管理人员、专业技术人员，整个社会的资源都处于稀缺状态，所以人力资源的短缺必然会给网络化运营造成巨大的风险。

(5) 现有安全管理体系都是建立在网络化程度相对不高的基础上，其安全风险控制和管理模式不能适应地铁网络化运营的要求，若不加以解决，将很难应对网络化条件下安全管理的需求。

风险因素在不同时期、不同情况下，损害后果会产生变化；新线路的开通可能有新的风险因素产生，所以风险源需要定期检测和更新。一般而言，城市轨道交通安全运营风险主要从人员、设备、环境、管理等角度进行分类[3-5]。

1) 人员因素

人是轨道交通运营安全的控制因素，特别是行车指挥和列车驾驶等关键岗位，安全意识麻痹、不安全行为或违章操作等都可能直接引发各类安全事故。

2) 设备因素

(1) 车辆。车辆系统的重大风险源有机械故障、电气故障、制动故障、车门故障等主要部件的损坏、系统控制失常、人为破坏等因素，可能造成列车脱轨、列车火灾、列车冲突等事故，并可能引发拥挤、踩踏等次生灾害。

(2) 线路系统。线路系统的重大风险源有断轨、胀轨变形、道岔伤损、道床病害等造成的列车延误、限速、停运等，严重时可能引发列车脱轨等事故。

(3) 供电系统。供电系统的重大风险源有牵引供电、接触网、动力供电系统故障造成大面积停电、运营中断、火灾等。

(4) 机电系统。机电系统的重大风险源有电梯、扶梯故障，易造成人身伤害事故或踩踏事故；通风系统、动力照明系统、给排水系统故障、火灾报警系统(fire alarm system, FAS)、建筑楼宇自动化系统(building automation system, BAS)、灭火系统应急情况下的不工作、误操作等。

(5) 通信信号系统。通信信号系统主要风险源有地面列车自动保护(automatic train protection, ATP)或车载 ATP 故障、道岔控制故障、信号连锁故障、调度指挥系统中断，可能造成列车冲突、运营指挥失控、运营秩序混乱等。

3) 环境因素

(1) 自然环境。主要风险源有恶劣天气、洪水、地震等，可能导致停运、设备故障、基础设施破坏等。

(2) 运营环境。地铁车辆和车站空间相对封闭、狭小，人员密集、流动性大，在发生各类突发事件时影响扩散速度快，危险程度高，人员疏散困难，现场控制难度大。

(3) 社会环境。主要风险源有乘客的不安全乘候车行为，人为破坏车站、列车设施和恐怖袭击等，可能导致运营设备损坏、运营中断及乘客伤亡等。

4) 管理因素

管理的主要风险源有管理制度不健全，管理人员的违章操作、管理不到位、处置不合理等影响运营及人员、设备、设施各方面的安全问题。

5) 可能造成的危害

(1) 人员伤亡。

(2) 经济损失。

(3) 运营中断。

(4) 大客流冲击、骚乱、踩踏。
(5) 行车、乘车秩序遭受严重破坏。
(6) 设备损坏。
(7) 社会影响。

10.6 风 险 评 价

为便于开展风险管理和应急处置工作，根据国家主管部门有关城市轨道交通运营事故的分级规定，结合运营突发事件风险发生的可能性、严重程度和影响范围，上海市轨道交通安全运营风险分为四级：特别重大、重大、较大和一般，见表 10-1。此外，根据《上海市突发公共事件总体应急预案》，为适应上海市突发事件的特点和处置要求，对可能恶化或社会影响面较大的事件，应加强情况报告并视情提高风险响应等级。

表 10-1　上海市处置城市轨道交通安全运营风险评价与分级

预警级别	级别描述	颜色表示	发生可能性较大的事件情形
Ⅰ级	特别重大	红色	事件突然发生，事态非常复杂，事件后果涉及全市范围，对公共安全、政治稳定和社会秩序造成特别严重的危害或威胁； 可能造成 30 人及以上死亡(含失踪)，或危及 50 人及以上生命安全，或 100 人及以上重伤，或直接经济损失 1 亿元以上； 可能造成 2 条及以上已(试)运营线路同时中断运营 24h 及以上； 可能造成 1 条已(试)运营线路运营区段单向中断运营 36h 及以上或者双向中断运营 24h 及以上； 超出市人民政府应急处置能力
Ⅱ级	重大	橙色	事件突然发生，事态复杂，事件后果涉及数个区县，对公共安全、政治稳定和社会秩序造成重大危害或威胁； 可能造成 10 人及以上 30 人以下死亡(含失踪)，或危及 30 人及以上 50 人以下生命安全，或 50 人及以上 100 人以下重伤，或直接经济损失在 5000 万元及以上 1 亿元以下； 可能造成 1 条已(试)运营线路运营区段单向中断运营 16h 及以上或者双向中断运营 12h 及以上； 可能造成 2 条及以上已(试)运营线路同时中断运营 12h 及以上
Ⅲ级	较大	黄色	事件突然发生，事态较为复杂，事件后果在较大区域范围内对公共安全、政治稳定和社会秩序造成较大危害或威胁； 可能造成 3 人及以上 10 人以下死亡(含失踪)，或危及 10 人及以上 30 人以下生命安全，或 10 人及以上 50 人以下重伤，或直接经济损失在 1000 万元及以上 5000 万元以下； 可能造成 1 条已(试)运营线路运营区段单向中断运营 10h 及以上或者双向中断运营 6h 及以上； 可能造成 2 条及以上已(试)运营线路同时中断运营 6h 及以上
Ⅳ级	一般	蓝色	事件突然发生，事态相对简单，事件后果仅在一定范围内对公共安全、政治稳定和社会秩序造成危害或威胁； 可能造成 3 人以下死亡(含失踪)，或危及 10 人以下生命安全，或 10 人以下重伤，或直接经济损失 1000 万元以下

10.7 风险应对

10.7.1 应急组织机构

为保证发生轨道交通突发事件能及时有效地采取指挥和协调行动，将事故后果控制在最小的范围内、减少事故对社会的不良影响，根据目前轨道交通管理体制和管理单位的实际以及事故应急处置的需要，轨道交通突发事件应急组织机构包括市级应急指挥机构、市交通委指挥中心及相关单位、申通地铁、协同单位(图 10-1)。

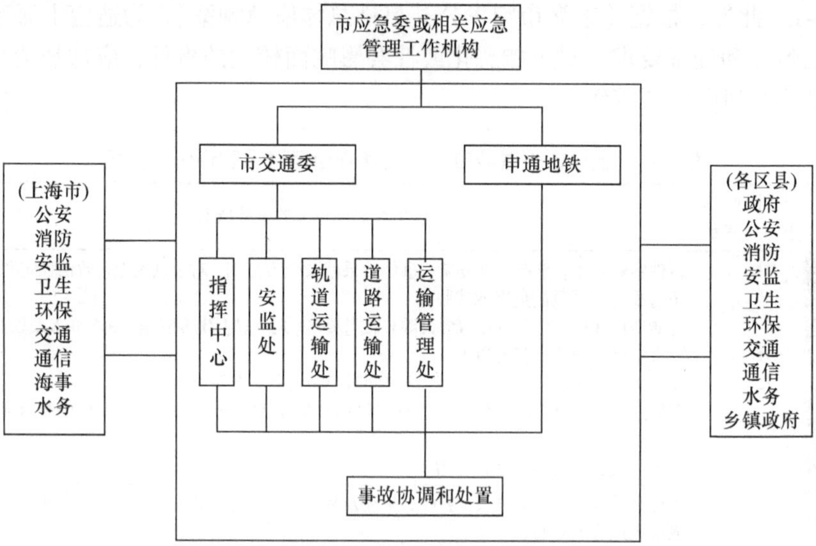

图 10-1 应急组织机构图

1. 领导机构

《上海市突发公共事件总体应急预案》明确规定，上海市突发公共事件应急管理工作由市委、市政府统一领导。市政府是突发公共事件应急管理工作的行政领导机构。上海市突发公共事件应急管理委员会(以下简称市应急委)决定和部署突发公共事件应急管理工作，其日常事务由市应急办负责。因此，上海市轨道交通突发事件应急处置工作要在市委、市政府的统一领导下，由市应急委协调市应急办具体开展。

2. 应急联动机构

市应急联动中心设在市公安局，作为上海市突发公共事件应急联动先期处置的职能机构和指挥平台，履行应急联动处置较大和一般突发公共事件、组织联动单位对特大或重大突发公共事件进行先期处置等职责。各联动单位在各自职责范围内，负责突发公共事件应急联动先期处置。

3. 应急指挥体系

1) 市应急处置指挥部

一旦发生特大、重大或较大的轨道交通运营事故，市政府根据市交通委的建议和应急处置需要，视情成立市轨道交通运营事故应急处置指挥部(以下简称市应急处置指挥部)，负责上海市轨道交通运营事故应急处置的统一指挥和组织协调。应急行动结束，在报请市领导批准后，市应急处置指挥部解散，转入常态管理。

市应急处置指挥部由市交通委、市建设委、市公安局、市消防局、市安全监管局、市卫生局、市水务局、市经济信息化委、市民政局、市质量技术监督局(简称市质量技监局)、市环保局、市民防办、市通信管理局、上海警备区、武警上海市总队、市政府新闻办、市政府外事办公室(简称市政府外办)、相关区县政府、申通集团等部门和单位组成，并根据需要及时调整。

市应急处置指挥部指挥长一般由市政府分管副市长担任，常务副指挥长一般由市政府分管副秘书长担任，副指挥长分别由市交通委、市建设委、申通集团主要领导及市公安局分管领导担任。市应急处置指挥部一般设在事发区域或申通集团运管中心，也可根据需要临时指定指挥场所。

2) 市应急处置指挥部办公室

市应急处置指挥部下设办公室，办公地点设在市交通委指挥中心。办公室主任由市交通委分管领导担任，副主任由申通集团分管领导担任。主要负责与工作单位的联络协调、工作预案的衔接、运营监测、汇总信息、分析研判预警信息、调集专家等工作。

3) 市应急处置指挥部协调组

市应急处置指挥部可根据实际情况设立如下协调组，具体开展以下应急处置工作。

(1) 客流疏导协调组：由市交通委牵头，申通集团、有关公交企业等参与。具体负责轨道交通站点内客流疏散，组织和调集交通运输工具，迅速引导和疏散现场客流，保证现场应急救援工作的需要。

(2) 事故处置协调组：由市交通委、市建设委、市应急联动中心、市应急救援总队等组织有关工作单位和专家组成。具体负责事故现场的抢险和救援，必要时，可由现场指挥部承担相关工作。

(3) 保卫警戒协调组：由市公安局牵头，市交通委、相关区县政府、申通集团等参与。具体负责轨道交通运营事故现场秩序保障，视情对事发现场和相关区域进行交通管制、警戒和客流疏散维护。

(4) 物资保障协调组：由申通集团牵头，市交通委等参与，具体负责调集和运送抢险救援所需物资等工作。必要时，由市经济信息化委等协调筹措相应应急物资。

(5) 水务协调组：由市水务局牵头，申通集团、市消防局等参与。当隧道内出现大面积积水时，具体负责调集水务设备、抢险队伍实施抢排措施。

(6) 道路建筑协调组：市交通委、市建设委负责周边道路、燃气管线和建(构)筑物的抢险处置。

(7) 电力协调组：由市经济信息化委牵头，市电力公司、申通集团等参与，具体负责事发现场的电力应急抢险和恢复运营供电的保障。

(8) 信息报道协调组：由申通集团牵头，市政府新闻办、市交通委、市建设委等参与，具体负责信息收集和新闻报道工作。

(9) 事故调查协调组：由市交通委牵头，市安全监管局、公安局等参与，具体负责组织专家组及相关部门和单位，对轨道交通运营事故情况进行全面调查，分析事故原因，界定事故责任，并对事故提出处理意见和建议。

(10) 善后处置协调组：由申通集团、市交通委、市建设交通委、市民政局、相关区县政府等组成，具体负责由轨道交通运营事故造成乘车人员误工或受伤等情况的接待、安抚和处置工作。

4) 现场指挥部

根据轨道交通运营事故的发展态势和应急处置需要，一般由市交通委、市建设委、市应急联动中心、市应急救援总队等迅速组织有关工作单位和专家成立现场指挥部，具体负责事故现场的应急处置。若事故仅涉及轨道交通个别站点或局部区域，也可由事发地区县政府会同相关部门在附近区域成立现场指挥部。

5) 专家机构

市轨道交通应急专家组由市应急处置指挥部办公室牵头组织。专家组成员包括轨道交通、公安、反恐、消防、安全生产、质量监督、建筑、卫生防疫、水务、市政、防化、环保等方面的专家。在轨道交通运营事故发生后，由市应急处置指挥部从专家组中确定相关专业领域专家，对重特大事故应急处置工作提出技术方案和决策建议，并参与事故原因调查。

10.7.2 预防预警

1) 信息监测

(1) 市交通委督促轨道交通运营单位做好上海市轨道交通的运行监测、预警工作，建立城市轨道交通监测体系和应急机制；对监测信息和轨道交通运行状况进行统计、汇总和分析，并按要求向国家轨道交通应急机构做出书面报告。

(2) 市交通委建立专项风险评估制度，督促轨道交通运营单位监测网络，建立数据库，及时更新数据资料，明确信息交流渠道，形成数据共享平台。

(3) 监测的主要内容包括轨道交通管理的规章制度、强制性标准、设施设备状况及安全运营管理等。

2) 预警级别

根据上海市轨道交通运营事故可能对行车安全、线路和网络运行造成的危害和影响范围[6]，预警级别分为四级：Ⅰ级(特别严重)、Ⅱ级(严重)、Ⅲ级(较重)、Ⅳ级(一般)，依次用红色、橙色、黄色和蓝色表示。市交通委负责Ⅲ级、Ⅳ级预警的启动和发布，Ⅰ级、Ⅱ级预警的启动和发布按规定由市政府承担。预警级别判断详见表 10-1。

3) 信息发布

Ⅰ级(红色)、Ⅱ级(橙色)预警信息的发布，由市交通委在报请市政府同意后，通过市交通委指挥中心立即向各相关工作单位发布，并由市交通委、申通集团组织协调相关单位向社会公众发布。

Ⅲ级(黄色)和Ⅳ级(蓝色)预警信息的发布，由申通集团报市交通委同意后，通过市交通委指挥中心立即向各相关工作单位发布。

预警信息内容应当包括事故概况、受事故影响区域、预计恢复时间等。信息的发布、调整和解除，可通过车站广播、信息屏、电视、报刊、移动通信、信息网络、宣传车、手机短信等进行发布。

4) 预警级别调整和解除

根据上海市轨道交通运营事故的发展态势和处置情况，预警信息发布部门应按照发布程序，视情对预警级别做出相应的调整或解除。

5) 预警响应行动

预警信息发布后，相关区县政府及各相关工作单位应迅速在受事故影响区域采取相关疏导、防控措施，具体工作内容见表 10-2。

表 10-2　预警响应行动表

预警等级	预警响应行动
进入Ⅳ级(蓝色)预警期	市交通委根据需要落实事故影响区域的公交应急保障措施； 申通集团按内部预案开展应急处置工作； 市公安局组织加强轨交站点秩序维护工作； 事发地区县政府及时做好人员疏导、秩序维护等人员和物资准备
进入Ⅲ级(黄色)预警期	市交通委负责落实事故影响区域的公交应急保障措施； 申通集团按内部预案开展应急处置，做好网络运营调整和站点限流措施； 市公安局视情对事发现场和受影响区域进行交通管制、警戒和客流疏散维护； 事发地区县政府调集力量在辖区内受影响的轨道交通站点开展疏导工作
进入Ⅱ级(橙色)、Ⅰ级(红色)预警期	市交通委立即向市(区县)运管部门下达启动预案的指令，全面组织公交应急保障； 申通集团按内部预案开展应急处置，做好网络运营调整、站点限流和关闭措施； 市公安局加强对事发现场和受影响区域进行交通管制、警戒和客流疏散维护； 各工作单位根据职责分工，落实防控、防护的应对措施

10.7.3 应急响应

1. 信息报告

发生一般及以上的轨道交通突发事件时，由市交通委指挥中心向市应急办、市应急联动中心、市建设交通委值班室、市安全监管局值班室以及市委、市政府值班室报告。发生重大、特大轨道交通运营突发事件时，申通集团在向市交通委指挥中心报告的同时，应在事发后 30min 内以口头方式、1h 内以书面方式(包括现场图片等)分别向市委、市政府总值班室报告(表 10-3)。

表 10-3 信息报告流程

<table>
<tr><th>事件等级</th><th>通报顺序</th><th>通报的时间要求</th><th>主要联络人及备用联络人</th><th>备注</th></tr>
<tr><td>Ⅰ级</td><td>申通集团→交通委指挥中心</td><td rowspan="4">事发后 30min 内以口头方式、1h 内以书面方式向市政府报告</td><td rowspan="2">应急办公室主任、副主任</td><td rowspan="2">市政府总值班室接到重大及以上突发事件信息，按规定向国务院总值班室报告</td></tr>
<tr><td>Ⅱ级</td><td>申通集团→市委、市政府总值班室(口头报告和书面报告)→国务院总值班室</td></tr>
<tr><td>Ⅲ级</td><td>申通集团→市交通委指挥中心→市应急办、市应急联动中心、市建设交通委值班室、市安全监管局值班室以及市委、市政府值班室</td><td>应急指挥部负责人</td><td></td></tr>
<tr><td>Ⅳ级</td><td>申通集团→市交通委指挥中心→市应急办、市应急联动中心、市建设交通委值班室、市安全监管局值班室以及市委、市政府值班室</td><td>应急指挥部负责人</td><td>凡一次造成 1 人及以上死亡或 3 人及以上受伤的各类突发事件信息，应向市政府报告事项</td></tr>
</table>

若事故报告后出现新情况，事故发生单位应当及时续报；自事故发生之日起 3 日内，事故发生单位应当及时上报事故发生的详细报告。事故报告应当及时、准确、完整，任何单位和个人对事故不得迟报、漏报、谎报或者瞒报。

事故快报及续报应包括以下内容。

(1) 事件单位的名称、负责人、联系电话和地址。

(2) 事故发生的时间、地点。

(3) 事故造成的危害程度、影响范围、具体伤亡或被困人数、直接经济损失。

(4) 事故的简要经过及已采取的措施。

(5) 其他需上报的有关事项。

2. 响应等级

上海市轨道交通运营事故响应等级分为四级：Ⅰ级、Ⅱ级、Ⅲ级和Ⅳ级，参照事件等级，并根据事件态势，启动相应的响应等级。应急响应运作流程以市交通委和市应急联动中心为初始应急指挥部门逐渐展开，并随事故影响程度的演变逐渐提升响应等级，如图 10-2 所示。

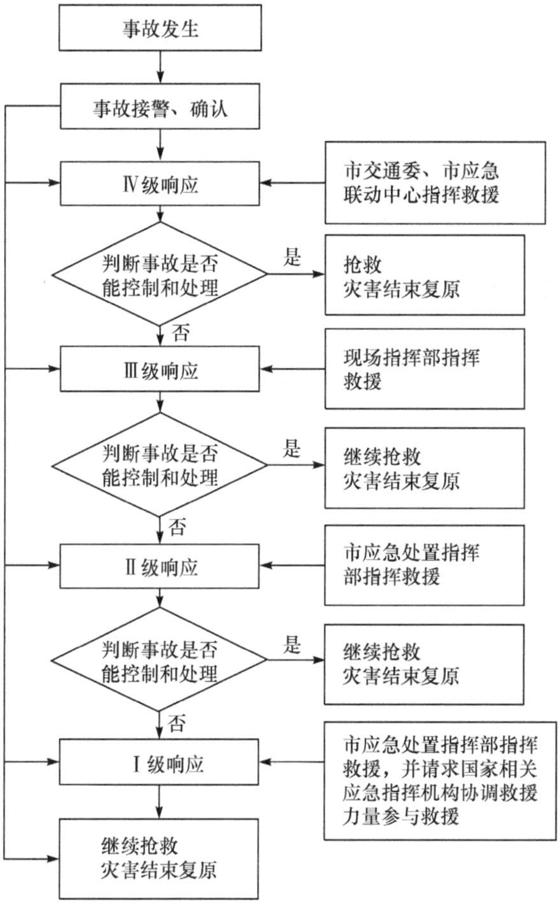

图 10-2　应急响应流程

1) Ⅰ级、Ⅱ级应急响应

发生特别重大或重大影响的轨道交通运营事件，启动Ⅱ级应急响应，在市委、市政府统一领导下，成立市应急处置指挥部，开设相应的协调小组，统一指挥各专业应急队伍的现场抢险救援工作。必要时，启动Ⅰ级应急响应，请求国家相关应急指挥机构协调救援力量支援。

2) Ⅲ级应急响应

发生较大或有一定社会影响的轨道交通运营事件时，启动Ⅲ级应急响应，成立事故处置现场指挥部，由现场指挥部组织实施救援，各相关部门和单位迅速到位，开展处置工作。

3) Ⅳ级应急响应

发生一般影响的轨道交通运营事件时，由市交通委、市应急联动中心会同相关部门组织实施，各相关工作单位迅速到位，开展处置工作。

3. 应急处置

1) 先期处置

一旦发生轨道交通运营事故，轨道交通车站层、线路层、网络层值班人员应立即核实情况，在报请发布相应预警等级的同时，通过组织、指挥、协调现有力量实施即时处置。市应急联动中心在接报后，立即组织公安、消防、医疗急救等赶赴事故现场开展先期处置，迅速控制并防止事态进一步扩大。

2) 现场指挥与协调

轨道交通运营事故发生后，市交通委、市应急联动中心、市应急救援总队等立即组织有关工作单位、应急队伍、专家等成立现场指挥部，组织开展现场处置。

启动Ⅰ、Ⅱ级应急响应的，现场指挥部在市应急处置指挥部指挥下组织抢险救援工作。必要时，可由市应急处置指挥部协调部队和武警力量参与应急处置。

未成立现场指挥部的，由市交通委、市应急联动中心、市应急救援总队组织现场处置。

3) 现场处置措施[7]

(1) 市交通委立即启动交通保障预案，15min 内调集车辆至指定地点，将滞留人员运送至其他公交枢纽或未受影响的轨道交通站点，并根据需要向出租汽车企业发出调车指令，协调申通集团、公交企业负责做好现场车辆标识交接、地面分流引导和运营组织工作。

(2) 申通集团按照轨道交通车辆故障、信号系统故障、变电站与接触网故障、通信与传输系统故障、线路与房建灾害、车站机电设备故障、人员伤亡、运营延误、人员疏散等各类专项预案，开展即时处置。

(3) 申通集团立即通过车站广播、信息屏等载体，实时播发事态信息，并及时告知乘客防灾避险和安全注意事项。

(4) 市应急救援总队负责调集力量和装备进入事故现场，开展人员搜救等抢险救援行动；市卫生局要及时做好现场医疗救护和伤员转运工作。

(5) 市城市轨道交通和公交总队启动“一站一案”，组织力量进入事发运营现场，加强客流应急疏散秩序的引导和维护。

(6) 事发站点所在区县政府组织力量，协助公安民警维持轨道交通站点周边秩序，参与疏导、指引、问询等工作。

4. 信息发布与应急终止

市交通委、申通集团会同市政府新闻办按照“快报事实，慎报原因”的要求，及时、准确、客观、全面地进行信息报道。若成立市应急处置指挥部，则由市应急处置指挥部根据事故类型和影响程度，组织相关部门和专家拟写新闻稿、专家评论或公告，按照程序向社会发布。

新闻宣传部门应通过授权发布新闻稿、组织中外媒体采访、举行新闻发布会和专业网站、官方微博发布等多种方式、途径，及时、准确、客观、全面地向社会发布运营突发事件和应对工作信息，回应社会关切。信息发布应明确事件的时间、地点、性质、人员伤亡和财产损失情况、救援进展情况、政府举措、公众防范措施、事件区域交通管制情况和临时交通措施以及调查处理结果等。

启动Ⅰ、Ⅱ级应急响应的，由市应急处置指挥部组织有关专家进行分析论证，提出终止应急响应的建议，报国家相关应急指挥机构或市委、市政府批准后实施。

启动Ⅲ级应急响应的，由现场指挥部组织专家进行分析论证，提出终止应急响应的建议，并报市政府同意后实施。

启动Ⅳ级应急响应的，由市交通委组织专家进行分析论证，提出终止应急响应的建议，并报备市应急处置指挥部后实施。

10.7.4　事后评估

事后评估报告主要包括以下内容。

(1) 突发事故(件)的基本情况及造成的损失(后果)。

(2) 应急处置行动开展情况。

(3) 工作经验与存在问题。

(4) 进一步提升突发事故(件)应急能力和处置效果的工作措施及意见建议。

(5) 视情提出开展通报工作的意见建议。

安全监管处、轨道交通处等相关职能部门应当在突发事故(件)应急处置行动结束后及时启动后评估工作，并在 20 个工作日内完成，形成书面的评估报告。

轨道交通运营事故的调查主体确定如下。

(1) 特别重大事故，按照国家相关规定执行。

(2) 重大事故、较大事故和其他社会影响恶劣的事故，由市政府授权市安全监管部门组织事故调查组进行调查。

(3) 一般事故，由市交通委组织事故调查组或者委托事故发生单位组成事故调查组进行调查。

应急状态解除后，各应急处置部门要整理和汇总相关记录和资料，总结分析事故原因，客观评价在应急期间采取的主要行动和措施，并及时做出书面报告。

(1) 重特大轨道交通运营事故，按《国家处置城市地铁事故灾难应急预案》要求进行。

(2) 较大轨道交通运营事故，应在事故发生之日起 60 日内，由市政府指派的部门或单位提交书面总结报告。

(3) 一般轨道交通运营事故，在应急状态终止后的两周内，由市交通委或受委托的轨道交通运营单位提交书面总结报告。

10.8 本章小结

本章以上海市轨道交通系统为研究对象，利用风险管理的理论、方法及过程，梳理城市轨道交通安全运营风险管理的体制与机制。主要研究内容包括：识别与分析轨道交通系统的主要风险因素，提出轨道交通安全运营的风险分级标准，构建突发事件下轨道交通运营的应急组织机构，从事前预防、事中处置、事后评估三方面规范各部门的工作流程与工作内容。本章旨在建立协调联动、分工明确、运转高效的轨道交通安全运营风险管理体系，以减少突发事件发生的可能及后果。

参考文献

[1] 韩春梅, 邓世舜, 赵振江. 地铁运营风险管理[J]. 现代城市轨道交通, 2006, (4): 51-53.

[2] 慈立坤. 上海城市轨道交通网络运营风险研究[D]. 上海: 同济大学, 2009.

[3] 黄宏伟, 叶永峰, 胡群芳. 地铁运营安全风险管理现状分析[J]. 中国安全科学学报, 2008, 18(7): 55-62.

[4] 李为为, 唐祯敏. 地铁运营事故分析及其对策研究[J]. 中国安全科学学报, 2005, 14(6): 105-108.

[5] 韩利民, 李兴高, 杨永平. 地铁运营安全及对策研究[J]. 中国安全科学学报, 2005, 14(10): 46-50.

[6] 滕靖, 徐瑞华. 城市轨道交通突发事件下公交应急联动策略[J]. 铁道学报, 2010, 32(5): 13-17.

[7] Kepaptsoglou K, Karlaftis M G. The bus bridging problem in metro operations: Conceptual framework, models and algorithms[J]. Public Transport, 2010, 1(4): 275-297.

第 11 章 上海市交通安全应急中心建设方案

11.1 项 目 概 况

党中央、国务院、国家有关部委和上海市委、市政府高度重视风险管理工作，近年来先后颁布实施了一系列法律法规和规范性文件，以确保风险管理工作的顺利开展。安全是确保上海市交通行业有序发展的首要前提[1]。目前，随着上海市“四个中心”建设的加快，上海市交通行业及相关产业进入新的发展阶段，交通行业在城市经济发展的各个方面所起的作用也更加重要。交通行业的稳定不仅影响行业生产局部，还将影响城市的公共安全和生态环境。作为国际大都市，上海市不仅要确保交通行业的运营安全，还要应对自然灾害、生产事故、公共卫生事件以及社会安全事件的威胁。

为全面履行政府职责，切实提高保障公共安全和处置突发事件的能力，预防和减少自然灾害、生产事故、公共卫生事件以及社会安全事件造成的损失，保障公众生命财产安全和维护社会稳定，构建与社会发展相适应的市交通行业风险管理体系，上海市交通委不断加大交通应急方面的投入，并开展了大量有前瞻性的安全研究，有效提升行业风险管理能力和安全服务水平。

交通安全应急中心建设是交通行业风险管理工作的一项重要内容，本项目立足于上海市交通委的职能转变和行业安全的发展需求，系统加强和提升市交通安全风险应对能力，具体从交通委、行业管理部门和社会化企业服务三个层面，研究它们的功能定位、机构设置、人员配备、应急流程等。同时也为打造集应急演练、应急处置、抢险救援、协同督查、绩效评定、决策分析和发布支持为一体的全方位快速响应的应急平台，推进扁平化应急操作管理模式，增强资源有效整合，提升风险管理水平和能力等做好理论研究保障[2]。

11.2 项 目 意 义

本项目从技术层面和管理层面科学有效地规划上海市交通安全应急中心的发展，推进交通管理的智能化和信息化建设，由此提升行业应对突发事件的应急处置和救援能力，使突发灾害所带来的社会损失降到最低。同时，项目旨在强化上海市交通委交通指挥中心(本意简称“委交通指挥中心”)的枢纽地位，消除行业管理部门之间的联动协调障碍，深化政企合作与资源整合，通过合理的组织结构和科学的风险管理体系，全面增强交通行业的抗风险能力，保障经济社会正常运行。着力打造“三个一”的风险管理体系，即强化一个权威的应急机构、打造一套严格的管理流程、培养一支过硬的专业队伍，实现信息资源的有效共享和配置，积极开展风险管理和安全保障方面的研究工作。

11.3 上海市交通安全应急中心发展现状

11.3.1 上海市交通行业应急预案体系

上海市交通行业突发事件应急预案体系包括：委层面的上海市交通行业突发事件应急预案及各专项应急预案；委属单位、区(县)交通主管部门的交通突发事件应急预案和各专项应急预案，以及交通企业突发事件应急预案。

1) 上海市交通行业突发事件应急预案

上海市交通行业突发事件应急预案是市交通行业突发事件应急预案体系的总纲及行业指导应急预案，是市交通委应急处置全市城市交通、水路交通突发事件的基本程序和组织原则，是市交通委应对较大城市交通、水路交通突发事件的规范性文件。

2) 委层面交通行业突发事件专项应急预案

市交通委的交通行业突发事件专项应急预案是市交通委为应对某一类型或某几种类型城市交通、水路交通突发事件而制定的专项应急预案，由市交通委组织制定并公布实施。根据法律法规要求，结合市交通委职责，交通行业突发事件专项应急预案包括《上海市交通委员会处置本市道路运输行业突发事件应急预案》、《上海市交通委员会处置洋山深水港区突发事件应急预案》、《上海市交通委员会处置本市港口突发事件应急预案》、《上海市交通委员会处置本市道路设施突发事件应急预案》、《上海市交通委员会处置本市内河水上突发事件应急预案》等。

3) 委属单位、区(县)交通主管部门的交通行业突发事件应急预案

委属单位、区(县)交通主管部门的交通行业突发事件应急预案是由委属单位、区(县)交通主管部门根据国家相关法律法规的规定和上海市交通行业突发事件应急预案的要求，为及时应对辖区内发生的交通行业突发事件而制定的应急预案(含专项应急预案)。由委属单位、区(县)交通主管部门制定公布实施，主要包括《上海市路政局道路迷雾天专项应急预案》、《上海市路政局冰雪灾害专项应急预案》、《上海市路政局道路突发事件应急管理预案》、《上海市处置桥梁隧道运行事故应急

预案》等。

4) 交通企业突发事件应急预案

交通企业突发事件应急预案由各交通企业根据国家及地方的交通突发事件应急预案的要求，结合自身实际，为及时应对企业范围内可能发生的各类突发事件而制定的应急预案。由各交通企业组织制定并实施，报委属单位或者区(县)交通主管部门备案。

11.3.2　上海市交通行业应急组织体系

上海市交通委的交通行业应急组织体系由交通行业突发事件委应急工作领导小组及办公室、委交通指挥中心、专项预案工作组、专家机构等构成。上海市交通行业突发事件应急组织体系如图 11-1 所示。

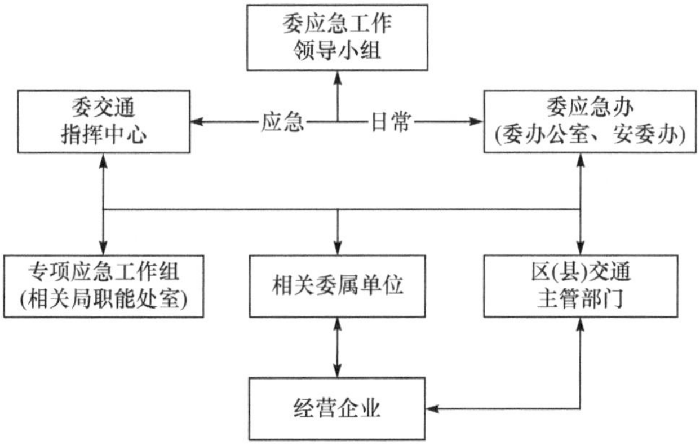

图 11-1　上海市交通行业突发事件应急组织体系

1. 应急领导机构

上海市交通委成立交通行业突发事件应急工作领导小组(简称“委应急工作领导小组”)，由市交通委主任为领导小组组长，分管主任为副组长，委相关处室、委属单位、区(县)交通主管部门和部分集团公司的主要领导或分管领导为成员。

2. 应急组织机构

1) 委交通指挥中心

委交通指挥中心作为交通行业突发事件的应急指挥机构，在委应急工作领导小组的领导下，具体负责上海市交通行业突发事件(Ⅲ级以下)的指挥与协调工作。

2) 专项应急工作组

专项应急工作组在委应急工作领导小组决定启动Ⅲ级(较大)交通行业突发事

件预警状态和应急响应时自动成立，由市交通委相关处室组建，在委交通指挥中心统一指挥下，具体承担应急处置工作，组织实施应急预案；接受上级部门下达的工作指令、信息，及时传达至相关管理部门；及时收集、汇总事发区域乃至全市主要区域的交通运营状况，建立和完善应急预案管理体系，为领导决策提供依据。

3) 相关委属单位

上海市城市交通运输管理处(简称“市运输管理处”)：负责协助相关部门进行突发事件的先期处置；接到企业报告后，及时向委交通指挥中心报告情况，必要时赶赴现场；接受、执行委交通指挥中心下达的工作指令；必要时调配车辆，做好交通运营配套工作，确保正常服务供应；指导、督促经营企业做好突发事件的处置，制定相应的工作预案、工作流程和管理制度。

上海市城市交通行政执法总队(简称“市交通执法总队”)：配合、协助相关部门做好突发事件的先期处置工作，必要时赶赴现场维护交通运营秩序，打击非法营运车辆和违反行业规定行为；服从现场指挥部的指挥。

上海市航务管理处(简称“市航务处”)：负责协助相关部门进行突发事件的先期处置；接到企业报告后，及时向委交通指挥中心报告情况，必要时赶赴现场；接受、执行委交通指挥中心下达的工作指令；加强内河航运秩序管理，及时掌握各辖区应急处置工作动态；指导、督促经营企业做好突发事件的处置，制定相应的工作预案、工作流程和管理制度。

上海港码头管理中心(简称“码头中心”)：负责协助相关部门进行突发事件的先期处置；接到企业报告后，及时向委交通指挥中心报告情况，必要时赶赴现场；接受、执行委交通指挥中心下达的工作指令；加强港口秩序监管管理，及时掌握各辖区应急处置工作动态；指导、督促经营企业做好突发事件的处置，制定相应的工作预案、工作流程和管理制度。

上海港建设工程安全质量监督站(简称“质监站”)：负责协助相关部门进行突发事件的先期处置；接到企业报告后，及时向委交通指挥中心报告情况，必要时赶赴现场；接受、执行委交通指挥中心下达的工作指令；加强上海报监水运工程项目监管，指导、督促经营企业做好突发事件的处置，制定相应的工作预案、工作流程和管理制度。

4) 区(县)交通主管部门

负责制定本管辖地的应急处置预案；及时向委交通指挥中心报告发生在管理区域内的突发事件，并组织力量进行先期处置；接受上级命令，协助做好应急预案的组织实施，包括调派车辆、增加人力等，并负责在处置完毕后做出情况专报。

11.3.3　上海市交通委交通指挥中心工作现状

1. 工作现状

委交通指挥中心成立于 2009 年 7 月，因世博会期间交通保障工作的突出表现而发展起来。2014 年，随着市交通委的组建，市路政局的路网监测中心与市交通运输和港口管理局指挥中心合并，组建委交通指挥中心。

截至 2015 年 10 月 20 日，委交通指挥中心共接收 110 应急联动信息 27703 条；接报各类事故 174 起，发布工作指令单 179 件；发布轮渡停复航微博 917 条；收听收看广播、电视行业新闻报道 1670 条。如表 11-1 所示，与 2014 年相比，2015 年委交通指挥中心的各方面应急联动工作都有大幅度增长，工作量显著增多。

表 11-1　2014～2015 年委交通指挥中心应急联动工作情况(信息接处与发布)

工作内容	2014 年 (全年 365 天)	2015 年 (截至 10 月 20 日，累计 293 天)	相对 增长率/%
110 应急联动信息	27299 条	27703 条	26
接报行业各类事故	148 起	174 起	46
发布工作指令单	77 件	179 件	190
发布轮渡停、复航微博	545 条	917 条	110
收听收看广播、电视行业新闻报道	1245 条	1670 条	67

注：相对增长率=(2015 年数据×365÷293–2014 年数据)÷2014 年数据×100%。

资源调度方面，截至 2015 年 10 月 20 日，全年配合执法总队执法省际客运超载、违规专项整治驳运 7 次，配合应急联动中心执行隧道非机动车驳运过江保障 13 次，成功处置轨交应急保障 17 次，调集出租车 41.14 万辆次、接驳公交车和大巴车 380 辆次，协调申通地铁加开地铁 61 列，疏运保障旅客 67.5 万人次。由表 11-2 可知，相较于 2014 年，2015 年调用的应急资源呈倍数增长，出租车同比上升 244%，公交车和大巴车同此增长 243%，增开轨交列数同比增长 192%，疏运乘客上升了 272%。

表 11-2　2014～2015 年委交通指挥中心应急联动工作情况(资源调度)

工作内容	2014 年 (全年 365 天)	2015 年 (截至 10 月 20 日，累计 293 天)	相对 增长率/%
出租车/万辆次	14.91	41.14	244
公交车和大巴车/辆次	138	380	243
增开地铁/列	26	61	192
疏运乘客/万人次	22.6	67.5	272

注：相对增长率=(2015 年数据×365÷293–2014 年数据)÷2014 年数据×100%。

综上所述，对比 2014 年和 2015 年委交通指挥中心的工作状况可以看出，交通指挥中心业务种类繁杂，工作量呈快速上升趋势，在应急处置、热线信息分析及日常监管工作中的社会化、专业化程度方面的要求越来越高。

2. 工作职责

委交通指挥中心是上海市交通委所属的以信息化为基础,承担行业监控指挥、信息系统建设管理和技术服务等职能的事业单位，其工作职责如下。

(1) 负责运用信息化手段对交通行业各业态的运行情况进行监控；为行业管理相关单位及部门提供信息平台和技术支撑。

(2) 负责委应急指挥平台的开发和运用；遇行业特大、重大事故与突发事件，承担委应急指挥部功能，做好各类处置指令的传达和反馈。

(3) 参与制定有关应急预案，配合相关单位和部门开展应急演练；承担交通应急资源管理库的建立、维护工作。

(4) 承担委总值班室职能，负责全年昼夜值班；统一受理 110 应急联动中心、市防台防汛指挥部、800 兆反恐联动等部门指令并及时处置；配合委办公室指导、协调委属事业单位及区(县)交通主管部门值班室工作。

(5) 负责城建热线中涉及交通行业的信息接收、派发、反馈等相关工作；对相关单位热线处理情况进行督办、回访和汇总分析。

(6) 参与委信息化工作，做好信息资源的整合、管理和开发利用。

(7) 负责委综合数据库的建设、维护管理和数据备份等工作，定期对库内数据进行汇总分析和质量评估，为领导决策提供数据支撑和信息服务。

(8) 负责委门户网站、委交通指挥中心、机关局域网、委系统业务管理等信息系统的维护管理、软件更新和系统安全。

(9) 贯彻执行上级信息化工作的方针、政策、法律、法规，参与委信息化规划、技术规范和标准的制定及有关课题研究；协助做好委信息化培训及信息化工作的国内外交流与合作。

11.3.4 上海市交通安全应急管理现状总结

通过对上海市交通行业应急预案体系及应急组织体系的总结和对市交通委交通指挥中心的实地调研，发现上海市在交通安全应急中心的建设方面投入了很多资源并取得了大量的成果，委交通指挥中心的建设更是走在全国前列，但仍存在一些不足之处。

1) 应急预案与应急组织

(1) 应急预案多是应对突发事件的一般性文件，虽然明确了突发事件的分类分级标准、响应主体和联络机制，但没有把应急预案转化成具体的操作规程或操作手册，所以预案的可操作性仍需加强。

(2) 资源配置中未明确应急保障能力要求，也未严格规定应急资源的配置数量及配置方式，而且应急救援力量有待细化。

(3) 应急预案中风险分级的科学性仍需提高。死亡人数、财产损失的统计只有在事中或者事后才能得到，这样的指标不应该作为事前预案启动条件。因此，应急预案中的风险分级标准仍需进一步加强。

(4) 没有形成有效的事后评估机制。对预案的定期评审或评估不够重视，特别是在应急演练后宜对预案的实施效果及时评价并进行相应的修改与完善。

(5) 应急管理人员的综合素质仍需提高，专业型、知识型、综合型的青年人才培养和引进需不断加强。

2) 委交通指挥中心

(1) 定位方面。委交通指挥中心的“枢纽”地位仍不突出，应加强其在应急指挥工作中的权威作用。委交通指挥中心目前主要负责信息上传与下达、工作指令的布置和过程监督，没有指挥权，而应急处置工作需要跨部门、跨行业、跨区域的资源整合与工作协调，所以需进一步完善。

(2) 统筹能力方面。尽管委交通指挥中心在交通安全与风险管理领域积累了很多成功经验，但由于体制变化和行业发展等方面的原因，委交通指挥中心的统筹协调能力和管理机制仍需不断完善。市区两级、委系统内部以及外协单位均存在不同的指挥中心(政府层面的路网监测中心和内河搜救中心；企业层面的上海市两大公交集团和申通地铁指挥调度中心)，需要对交通行业应急指挥功能和资源进行有效整合，进一步推动交通行业运行监测、数据管理、应急指挥、决策辅助的功能集聚，实现统一指挥、统一调度、统一处置的工作目标。

(3) 综合保障能力方面。软硬件系统的建设和配备需进一步加强。目前的应急通信设备较为常规，缺少非常态下的应急通信专用设备，尚无法实现应急通信指挥现场可控、可视等功能，通信和信息保障方面需进一步加强。

11.4　其他城市交通安全应急中心建设现状

上海和北京、广州、深圳同属于特大型城市，其交通运营体量较为相近，因此上海市交通安全应急中心的建设可借鉴上述城市的发展经验。此外，交通安全应急中心的建设必须立足于上海市交通营运现状，并结合市交通委的组织架构和职责范围。

11.4.1 北京市交通安全应急中心建设现状

北京市交通行业的应急保障工作分散在多个相关机构与单位中，尚未成立专门的交通安全应急中心，暂时不具有类似上海市交通委交通指挥中心这样的职能机构[3]。具体内容如下。

1) 核心机构

北京市交通委的三个核心机构(路政局、运输管理局、交通执法总队)都包括涉及交通安全应急管理的下属机构。

(1) 路政局下设道路路网管理与应急处置中心，承担全市城市道路、公路(含高速公路)及其附属设施的日常巡查与安全值守，并参与突发事件的应急处置；承担道路网络系统的信息收集、整理、分析、报告及相关设备、设施的维护管理。

(2) 运输管理局下设安全监管与应急处，负责市交通运输行业安全生产的监督管理；负责交通运输行业突发事件的预防和应对，起草相关应急预案；负责组织突发公共事件中涉及交通运输方面的保障工作；负责交通运输行业安全应急信息的收集、整理、分析和报送等工作。

(3) 交通执法总队下设执法综合处和执法协调处，负责市交通行业行政执法的综合协调工作；负责市交通场站运输秩序的应急管理工作。

2) 内设机构

安全监督与应急处是北京市交通委的内设机构，具体负责交通行业安全生产的监督管理；负责交通安全应急方面的组织协调，协助有关部门调查、处理交通行业重大安全事故；负责有关交通应急预案的编制、修订与组织演练，管理应急救援处置和物资；承担北京市交通安全应急指挥部办公室工作。

3) 直属单位

北京市交通安全应急处置工作还分散在北京市交通委安全督查事务中心和北京市交通运行监测调度中心。

(1) 北京市交通委安全督查事务中心的主要职责为：受市交通委委托，承担对市交通委路政局、市交通委运输管理局、市交通执法总队贯彻执行有关安全法律法规规章和依法履行安全监管职责的情况进行监督检查的辅助性、事务性工作。

(2) 北京市交通运行监测调度中心主要围绕综合交通运输协调体系的构建，实施交通运行的监测、预测和预警，面向公众提供交通信息服务，开展多种运输方式的调度协调，提供交通行政管理和应急处置的信息保障。

总之，就北京市而言，与交通应急有关的职能部门很多，包括三大核心机构的下属机构以及其他直属事业单位，它们都有明确的工作内容和职责范围。但是各部门之间存在明显的职能交叉，如何统筹协调这些应急机构高效发挥作用尚未明确规定。因此，对上海市而言，在组织机构、应急管理流程和体制建设方面参考有限。

11.4.2　广州市交通安全应急中心建设现状

广州市尚未成立交通安全应急中心或交通委交通指挥中心[4,5]，其内设机构和直属单位众多，其中涉及交通安全应急工作的内设机构有运输协调处、安全监管处、交通治理处，直属单位有交通运输管理局(客运管理科、货运管理科、安全技术管理科、驻站监管科)、道路养护中心、综合行政执法局。

1) 内设机构

(1) 运输协调处负责组织、协调全市综合运输体系中各种运输方式的衔接；组织重点物资、紧急客货运输和重大节假日期间的旅客运输。

(2) 安全监管处负责全市交通行业安全生产监管和应急管理，参与调查、处理交通行业重特大安全事故，协调有关部门做好水上交通安全监管工作；组织协调交通行业综治、国家安全、反恐、防范和处理邪教及防台、防汛、防旱工作。

(3) 交通治理处承担全市道路交通畅通保障工作，组织拟订相关工作方案并监督实施；负责汇总、发布城市交通信息，分析、评估城市交通状况，提出交通改善建议；承担市交通综合整治领导小组办公室的日常工作。

2) 直属单位

(1) 交通运输管理局的内设部门中，与交通应急有关的工作职责如下。

① 客运管理科负责具体实施全市重大节(假)日、大型活动和抢险救灾的公路运输保障工作。

② 货运管理科负责道路货物运输行业突发事件应急救援处置和演练；负责具体实施抢险救灾的道路货物运输保障工作；负责道路货物运输车辆卫星定位汽车行驶记录仪的推广应用和动态监管。

③ 安全技术管理科负责协调、组织开展道路运输行业安全生产检查和考核；负责落实行业运输安全事故统计和调查处理制度；负责道路运输行业维稳和突发事件处理工作。

④ 驻站监管科负责客运站场的经营行为、站场秩序、安全管理、服务质量及进站班车经营行为的监督管理。配合做好重大节(假)日、大型活动公路旅客运输组织保障工作。

(2) 道路养护中心贯彻执行有关道路养护的法律法规和方针政策；负责市管道路路况的日常检查、勘验，开展养护质量动态监测和评定，分析市公路设施使用状况，提出公路设施改造或改善方案；承担市管道路的应急抢险工作。

(3) 综合行政执法局根据交通行政管理法律、法规、规章，具体行使本行政区内的道路运政、水路运政、公路路政、航道行政、港口行政等方面的行政执法职责；组织协调重大执法任务。

总之，就广州市而言，与交通安全应急工作有关的职能部门很多，包括内设机构以及其他直属单位。与北京市情况相似，各部门之间存在一些职能交叉，并且如何统筹协调这些应急机构发挥作用尚未明确规定。因此，对上海市而言，在组织机构、应急管理流程和体制建设方面参考有限。

11.4.3　深圳市交通安全应急中心建设现状

深圳市现已建有交通运输应急指挥中心[6-8]，隶属深圳市交通运输委员会(深圳市港务管理局)，由深圳市交通战备办公室、深圳市交通运输委员会港航和货运交通管理局共同组建。其与交通应急有关的工作职责包括以下部分。

(1) 贯彻执行国家、省、市有关交通运输应急的法律、法规、规章、政策、规范和标准；参与拟订相关的地方性法规、规范和标准，经批准后组织实施。

(2) 组织拟订、修编和监督实施全市交通运输行业各类应急预案；协助交通行政执法支队开展交通行政执法工作。

(3) 分析评估行业运行状态，提出改善建议或解决方案；负责行业数据、信息的收集、分析评估、上报反馈和发布工作；负责行业从业人员管理；负责建立行业企业及从业人员信息库及信用平台。

(4) 负责道路危险货物运输和港口内危险货物作业的安全生产监管；参与相关事故调查处理。

(5) 承担处置交通运输行业突发事件的组织、协调和指挥工作；负责组织、协调全市重点物资和重点站(场)集散物资的运输；组织完成救灾、应急抢险、国防战备、指令运输等物资的运输工作；指导、检查交通运输行业反恐工作；承担核电应急交通保障工作。

(6) 承担本委 24h 政务值班工作，建立交通运输行业值班及应急联动网络；承担行业各类突发事件的预测、预警及信息综合和处置等工作。

(7) 承担交通运输行业应急管理体系建设工作；组织建设和管理交通运输行业应急保障队伍；组织应急培训、演练、宣传工作；承担交通运输行业应急物资、器材的申购、储备、管理、调用工作；为交通应急提供交通保障。

(8) 提出交通运输应急建设需求，参与规划和建设交通运输应急指挥平台；参与交通应急工程设施的勘察、设计鉴(审)定和竣工验收。

(9) 负责港口岸线、航道、锚地和港口陆域的监督管理；参与多式联运的组织协调实施工作；参与协调处理与周边港口在引航组织、通航秩序、锚地使用和防台应急等方面的问题。

(10) 组织交通应急行业有关的科技推广应用工作；参与相关公共信息平台的建设工作；承办委机关交办的其他事项。

深圳市交通运输应急指挥中心在上述工作内容的基础上，明确了 7 大功能模块，分别是应急信息监测预警、数据交换、应急决策支持、应急信息发布支持、应急指挥调度、视频会议、移动应急指挥系统。其中，应急决策支持模块包括信息管理、辅助决策、模拟演练、综合评价、灾后恢复决策支持等功能。

总之，深圳市的交通应急指挥系统与上海市的实际情况切合度较高，其明确的功能定位和工作职责可为上海市交通安全应急中心建设提供一些参考和借鉴，但就应急管理流程而言，深圳市的经验较为有限。

11.4.4　其他城市交通安全应急中心建设总结

综上所述，上海市交通安全应急工作走在全国前列，具备系统的预案体系以及明确的组织结构、功能定位与工作职责，而在应急管理流程的整体设计和委交通指挥中心的发展规划两方面仍需进一步完善。

在国内同等级别的城市中，只有深圳市成立了交通运输应急指挥中心。因此，可根据上海市交通行业的实际情况，结合深圳市交通运输应急指挥中心的功能定位和工作职责，对上海市交通委交通指挥中心的功能定位和工作内容进一步优化。

委交通指挥中心是全市交通应急管理工作的核心，它的建设发展具有鲜明的地域特色，表现在机构设置的不同、人员配置的差异。从根本上讲，要符合现阶段上海市交通委的体制框架，不能盲目照搬国外与国内其他城市的发展经验，要深入本地职能单位和管理人员当中，探索建立面向中国国情、具有上海特色和行业特点的应急管理体系及应急指挥中心。

11.5　上海市交通安全应急中心实施方案

根据上海市交通行业的发展现状和国内其他城市的建设经验，从应急组织架构、应急预案体系、考核评估机制、综合保障体系四方面，系统论述上海市交通安全应急中心的建设方案。

11.5.1　应急组织机构

上海市交通行业应急组织机构包括三个层面，即交通委层面、行业管理部门层面、社会化应急救援层面。

1. 交通委层面

1) 委办公室

负责上海市交通行业应急处置方面有关文电、领导批示的批转、督办以及相关事故信息上报工作；负责协调委内部的应急值守工作；落实委交通指挥中心交办的各项工作任务。

2) 委安全监管处

负责组织、指导上海市交通行业应急预案的编制、修订；牵头处置各类交通突发事件，组织协调相关事故调查处理工作；落实委交通指挥中心交办的各项工作任务。

3) 委社会宣传处

负责上海市交通行业应急工作的新闻发布和媒体应对；落实委交通指挥中心交办的各项工作任务。

4) 委科技信息中心

负责交通行业突发事件应急处置期间信息平台的维护和技术支撑工作；完成委交通指挥中心交办的其他事项。

5) 委交通指挥中心

委交通指挥中心是上海市交通安全应急工作的核心机构和中枢部门，其中心定位是否明确，主要功能是否完善，系统组成是否完备，直接影响整个城市交通系统的正常运营。

(1) 中心定位。

委交通指挥中心应立足上海市交通行业的实际情况，应用智能化、自动化、信息化等高新技术，按照系统工程原理，将各个系统功能有机地结合为一个整体，充分发挥系统的整体效益，建立具有数据采集处理能力、决策和组织协调指挥能力的综合协调与应急指挥中心、行业运行监测和信息发布中心以及信息汇聚中心。

(2) 主要功能。

综合运输协调和指挥功能。对管辖区域内的交通状况进行实时检测与监视，有效地组织交通流，重点包括日常检测、分级预警、重大节日的运输保障等。

交通安全应急指挥功能。科学地调度管辖区域内的执法、紧急救援和路障清理力量，快速处置紧急事件和交通事故。

调度抢险队伍和应急资源功能。运用信息化手段对应急物资、人员、设备进行科学调用和管控，建立应急资源数据库。

决策支持和信息服务功能。及时接收和处理紧急电话及交通事故报警。自动采集、分析、处理、发布管辖区内的主要交通管理信息，合理分配信息资源。完善对历史数据的分析研究，尤其是对实时视频的巡检和分析。

(3) 系统组成。

为保障委交通指挥中心实现统一指挥、反应灵敏、运转高效的建设目标，需加强以下三大系统建设。

综合运输协调指挥系统。既要对上海市交通行业运行状况进行日常监测、分级预警、情况通报、趋势分析，还要协调相关单位和企业在重大节日与活动期间提供交通保障与支持。

交通安全应急指挥系统。首先，以信息化手段对全市的应急资源进行实时监控，以保障交通应急指挥与调度的需要。其次，要统一落实全市的应急资源和应急抢险队伍。最后，对重点区域进行监测和指挥，借助大量的图像识别，如道路、航道、枢纽、站点、堆场等。

决策支持与信息共享系统。第一，数据分析，为相关部门指挥协调、上层领导决策提供数据支撑。第二，视频支持，以点带面，辅助领导决策。第三，数据交换与共享，对数据整合和科学决策提供帮助。根据系统提供的各类交通信息，预测交通拥挤状况，实时对调度指挥方案进行优化决策；同时可根据工作需要，由人工直接进行干预，合理调用系统的各种疏导手段。

2. 行业管理部门层面

1) 市城市交通运输管理处(简称“市运输管理处”)

接到事故报告后，即刻向委交通指挥中心报告情况，接受、执行委交通指挥中心下达的工作指令；必要时赶赴现场，协助相关部门进行突发事件的先期处置，做好交通运营配套工作(如调配车辆)；指导、督促经营企业制定相应的工作预案、工作流程和管理制度。

2) 市城市交通行政执法总队(简称“市交通执法总队”)

接受、执行委交通指挥中心下达的工作指令；必要时赶赴现场，协助相关部门做好突发事件的先期处置工作，维护交通运营秩序，打击非法营运车辆和违反行业规定的行为。

3) 市航务管理处(简称“市航务处”)

接到事故报告后，即刻向委交通指挥中心报告情况，接受、执行委交通指挥中心下达的工作指令；必要时赶赴现场，负责协助相关部门进行突发事件的先期处置；指导、督促经营企业做好突发事件的处置，制定相应的工作预案、工作流程和管理制度；加强内河航运秩序管理，及时掌握各辖区应急处置工作动态。

4) 市码头管理中心(简称“市码头中心”)

接到事故报告后，即刻向委交通指挥中心报告情况，接受、执行委交通指挥中心下达的工作指令；必要时赶赴现场，负责协助相关部门进行突发事件的先期处置；指导、督促经营企业做好突发事件的处置，制定相应工作的工作预案、工作流程和管理制度；加强港口秩序监管，及时掌握各辖区应急处置工作动态。

5) 市路政局

接到事故报告后，即刻向委交通指挥中心报告情况，接受、执行委交通指挥中心下达的工作指令；必要时赶赴现场，协助相关部门进行突发事件的先期处置，做好交通运营配套工作(如道路抢修)；指导、督促经营企业制定相应的工作预案、工作流程和管理制度。

6) 市交通建设工程安全质量监督站(简称“安全质量监督站”)

接到事故报告后，即刻向委交通指挥中心报告情况，接受、执行委交通指挥中心下达的工作指令；必要时赶赴现场，协助相关部门进行突发事件的先期处置，做好交通运营配套工作(如工作区交通组织)；指导、督促经营企业制定相应的工作预案、工作流程和管理制度。

7) 地铁、公交、航空、铁路、消防等委外单位

接到事故报告后，即刻向市应急联动中心或委交通指挥中心报告情况，积极配合委交通指挥中心下达的工作指令；必要时赶赴现场，并调配相应的应急资源，协助相关部门进行突发事件的先期处置和运力调度，制定合理的工作预案、工作流程和管理制度，与交通委的应急机构良好沟通，互相配合。

3. 社会化应急救援层面

社会化应急救援是指在上海市交通行业应急救援工作复杂、压力骤增的情况下，政府通过引入社会专业应急力量以提升应对突发事件能力的工作。其主要目的是探索如何在政府主导下广泛动员社会力量，进一步优化资源配置，实现不同领域救援队伍的协同作战和优势互补，不断提升行业的应急救援能力。政府引入社会化应急救援力量主要包括以下途径。

(1) 按照“因地制宜、积极探索、逐步完善”的思路，确定试点单位，严格选择服务企业。

(2) 签订服务协议，明确双方权利义务。审批同意后，试点单位与企业签订应急救援服务协议书，约定双方的权利和义务，确保突发事件发生后，企业的救援设备、物资、人员、技术能快速、准确调集到事发现场，提供专业的应急救援服务。

(3) 实施动态管理，加强服务考核评估。

11.5.2　应急预案体系

落实交通安全的应急工作，必须依靠科学合理的应急预案体系，其中最为关键的两个环节是应急管理流程和联动协调机制。只有把这两方面内容做好做实，相关部门和企业才能做到主次分明、相互配合、相互协作，充分调动全市应急保障力量，切实发挥交通安全应急管理的功效。

1) 应急管理流程

依据上述应急组织结构，制定应急管理流程(图 11-2)。上海市交通行业应急管理有两大核心内容，第一，牢固树立委交通指挥中心在交通应急管理工作中的核心地位和枢纽作用，各部门要认真落实委交通指挥中心的工作指令；第二，重

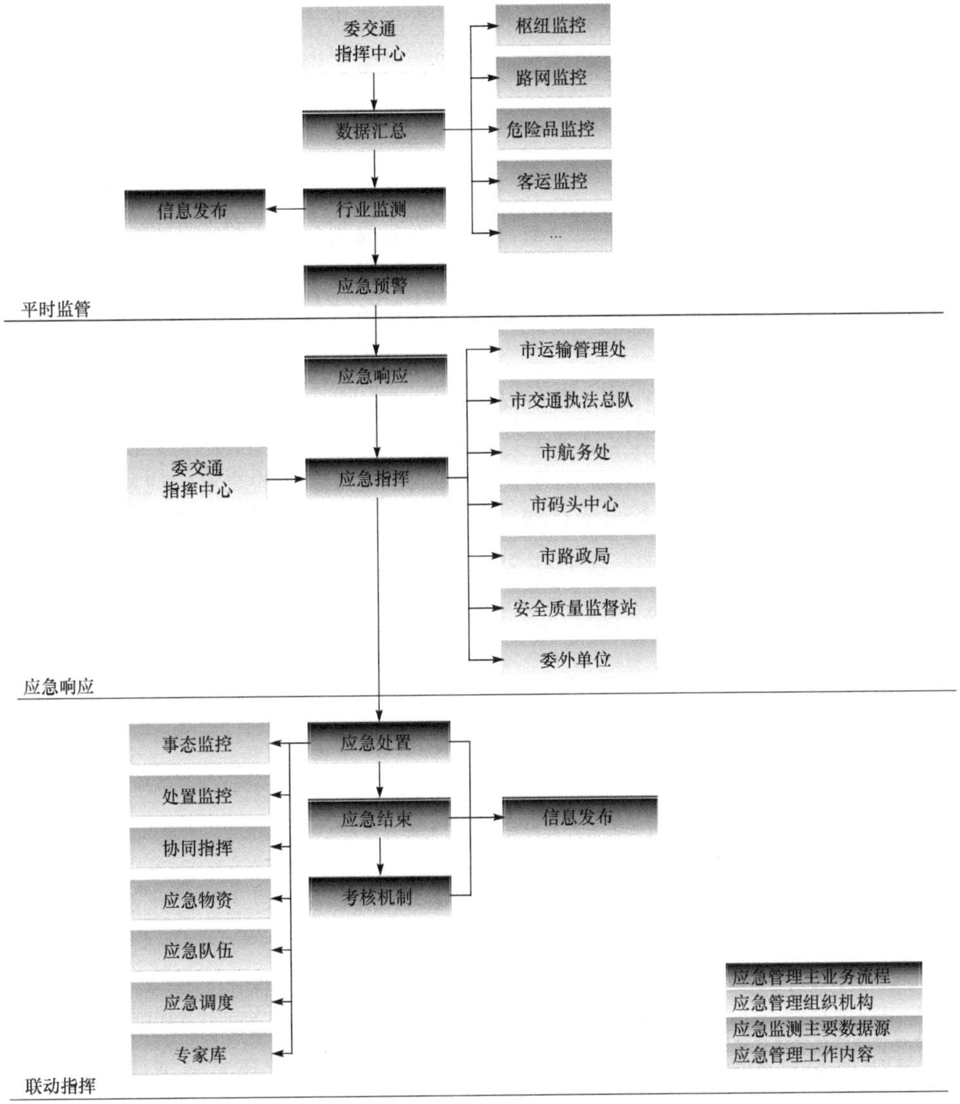

图 11-2　应急管理流程

视社会化的应急力量，不能单纯依靠政府内部资源，要统筹协调外界力量，通过购买服务的方式，加强应急队伍建设和应急资源保障，政府定位由应急救援转向日常监管和统筹协调。

2) 联动协调机制

在市交通委的统一领导下，以委交通指挥中心为枢纽，建立交通行业安全应急联动机制，可以促进不同地区、不同部门间密切配合、资源整合、信息共享、共同行动，综合协调做出决策，有效应对各种突发状况。为保障全市交通安全应急联动工作的高效运行，需确立应急预案体系的重点建设目标：良好的应急沟通机制、前沿的应急科技体系、科学的综合应急预案、完善的应急联动法规。

11.5.3 考核评估机制

1) 应急预案的考评机制

制定应急预案的目的是快速、有序、高效地控制突发事件的发展，将事故损失减小到最低限度。为了保证应急预案的实施效果，应建立应急预案考评机制，以核实应急救援预案内容是否全面、系统、可靠和可行。合格的应急预案应满足如下基本条件。

(1) 编制综合性应急预案，预案包括预防、预备、响应和恢复等内容；若没有综合性预案，则编制专项应急预案，如危险品运输、港口突发事件应急预案等。

(2) 应急预案的内容符合相关安全法律、法规和标准的要求；应急预案经最高管理层授权发布实施，有实施日期。

(3) 建立应急响应机构，所有相关人员都可获得预案，下述职责应定义清楚并分配给有关人员。

① 预案管理。

② 应急指挥。

③ 支持、协调。

④ 预案和程序的维护。

⑤ 定期危险评估。

⑥ 培训、训练和演习。

⑦ 重要设备及其维护清单。

⑧ 专项预案应急响应职责。

⑨ 与场外应急预案的协调。

(4) 应急救援的关键职位及其替补人员、职责和指挥系统应清楚明确。

(5) 应急预案提供并建立在风险评价基础上，确认潜在紧急情况及其重点对策。

(6) 包括定期应急能力测试、训练、演习内容，规定通过测试、评估来纠正和完善预案。

(7) 定义并建立不同应急响应级别的应急预案。

(8) 应急预案中重点论述人员安全、危险控制和减少损失的优先原则。

(9) 预案中包括应急前、应急中和应急后负责公共关系的部门、职责和人员。

(10) 媒体和信息发布责任人培训合格，有应急信息发布和管理程序。

2) 应急处置评估

应急处置评估是指对突发事件事前、事中、事后全过程的各项处置行为(非常态下)，包括应急准备、预警监测、先期处置、扩大应急、应急结束、后期处置乃至恢复重建的评估。应急处置评估的主要目的是查找应急处置工作中的问题和薄弱环节，改善应急工作与处置流程，提升应急处置能力。根据上海市交通行业应急处置的实际情况制定如下突发事件应急处置备案表(表 11-3)，便于对应急处置效果进行细致评价，总结应急处置工作中的问题，提高应急处置水平和能力。

表 11-3　上海市交通行业突发事件应急处置备案表

<table>
<tr><td colspan="5">填表人：</td><td>报告时间：</td></tr>
<tr><td colspan="5">事故单位：</td><td>联系电话：</td></tr>
<tr><td colspan="5">事发时间：　　年　　月　　日　　时　　分</td><td>事故类别：</td></tr>
<tr><td colspan="6">事故地点：</td></tr>
<tr><td colspan="6">事故简况：

人员伤亡情况：</td></tr>
<tr><td>姓名</td><td>性别</td><td>年龄</td><td>工种或职务</td><td>工龄</td><td>伤亡程度</td></tr>
<tr><td></td><td></td><td></td><td></td><td></td><td></td></tr>
<tr><td colspan="6">财物损失情况：</td></tr>
<tr><td colspan="6">事故主要原因初步分析：</td></tr>
</table>

<table>
<tr><th colspan="3">交通行业突发事件应急处置流程评分表</th></tr>
<tr><td colspan="2">评分内容(每项 1～5 分，满分 50 分)
5 分：响应十分迅速、工作效率很高
4 分：响应较迅速、工作效率较高
3 分：响应及时、工作效率可以满足应急需求
2 分：响应比较缓慢、工作效率较低
1 分：响应缓慢、工作效率不能满足应急需求</td><td>评分</td></tr>
<tr><td>1</td><td>接警上报及事故的快速定性</td><td></td></tr>
<tr><td>2</td><td>迅速成立现场指挥部并了解事故情况和评估风险</td><td></td></tr>
<tr><td>3</td><td>应急资源的调用及专家的及时到位</td><td></td></tr>
<tr><td>4</td><td>火灾及爆炸控制或控制泄漏源(关闭管路、堵漏)</td><td></td></tr>
<tr><td>5</td><td>交通管制及现场人员、车辆疏散</td><td></td></tr>
<tr><td>6</td><td>对伤员的现场急救</td><td></td></tr>
<tr><td>7</td><td>现场环境监测及保护</td><td></td></tr>
<tr><td>8</td><td>信息报告流程的及时性和准确性</td><td></td></tr>
<tr><td>9</td><td>事故调查、取证和记录</td><td></td></tr>
<tr><td>10</td><td>事后评估总结</td><td></td></tr>
<tr><td colspan="2">总分</td><td></td></tr>
</table>

续表

应急处置行动开展情况：
工作经验及存在问题：
进一步提升应急能力和处置效果的工作措施和意见建议：

11.5.4 综合保障体系

建设上海市交通安全应急中心，推进应急管理的专业化，探索新的工作模式，才能适应越来越复杂的交通环境和突发事件。应急管理的专业化主要包括应急指挥机构专业化、应急管理人员专业化、科技手段专业化及应急物资专业化。

1. 应急指挥机构专业化

应急指挥机构专业化是指建立高效统一的应急指挥平台，它可以提高政府保障公共安全的能力，最大限度地预防和减少突发公共事件的损害。委交通指挥中心作为上海市交通行业突发事件应急管理的“枢纽”，致力于建立一个统一指挥、反应灵敏、运转高效、结构合理的综合运输协调指挥与安全应急保障平台，具体从能力、效率、形式三方面提出基本要求。

1) 能力

不断完善中心统筹协调能力，确立委交通指挥中心在行业内的“枢纽”地位，对内对外统筹协调，尤其是与外部单位的协调联动，如区县政府、公安、卫生、安全监管等部门，与 110 应急联动中心和市应急办做好统一规划。

不断提升中心应急指挥能力，加强公安、地方海事、港口航道等视频监控系统接入，对所有视频信息进行监测与巡查，做到提前发现、高效预警。确立中心唯一对外应急指挥与联系协调的地位，与市应急指挥中心、急救中心、消防指挥中心等相关机构保持渠道畅通，信息快速交换、高度共享，便于协调指挥。

不断深化中心决策支撑能力，由委交通指挥中心对事故特征进行分析，编制相关案例，优化应急处置流程，做好事故防范工作。

2) 效率

事故处置科学化，成立应急专家委员会，建立科学优化应急预案流程和应急组织结构，总结具体事故案例的经验与不足。

应急救助专业化，优化升级专业队伍，包括专家委员会、专业抢险力量、志愿者。接警、处警和对各种交通信息的处理及时、准确，具有较强的辅助决策和指挥调度能力。

技术支撑信息化，完善交通安全应急指挥平台建设。各分系统的技术平台应充分融合，做到信息采集、传输、处理的有机结合。

3) 形式

工作定位从被动滞后型向主动超前型转变。工作模式从传统经验型向信息主导型转变。工作内容从上传下达型向高效指挥型转变。

2. 应急管理人员专业化

上海市交通行业应急管理人员专业化建设应着重加强以下几个方面。

1) 加强委交通指挥中心领导力建设

委交通指挥中心的建设是交通管理工作实现专业化的重要组成部分。各级领导要强化专业化意识，健全工作运行机制，实施科学管理，加强制度建设，建立健全值勤和领导带班制度，保证委交通指挥中心有序高效运行。建议上海市交通委副主任兼任委交通指挥中心主任，原有中心主任改为常务副主任。

2) 加大应急管理专业人才的引进力度

加快应急管理专业型、知识型、综合型人才的引进。在引进常规应急管理人才的同时，向多学科、多专业引进各类人才，为各领域人才队伍不断输入新鲜血液，优化应急人才结构，充实高素质的业务技术骨干、学科带头人和高级安全管理人才。完善安全生产人才智力柔性引进机制，充分利用现有的人才资源优势，与高校、科研院所建立合作机制，采取聘请、兼职、咨询和科技合作等柔性手段引进高层次人才，把引进人才与引进智力结合起来，实现重要技术岗位有专家型人才、一般技术岗位有专业人才，使专业人才的数量优势转化为能力优势。

3) 发展应急管理的教育和培训项目

应急管理培训是应急管理工作的重要组成部分，开展应急管理培训，普及应急管理知识，提高各级各类领导干部和社会公众的危机意识及突发事件预防与处置能力，是维护公共安全、促进社会发展的重要举措。

3. 科技手段专业化

目前，委交通指挥中心在应急管理信息化、科技化方面已有一定基础，拥有全球定位系统(global positioning system, GPS)实时监控系统、热线管理系统、公众出行信息服务系统等。然而，复杂的交通环境和频发的交通事故对交通安全应急管理信息化水平提出了更高的要求。

1) 加强指挥中心运营投入

在立项时要充分考虑维持系统正常运行和发展的必要支撑条件，要预估部分新技术开发费用，具体应急资源调配和应急救援工作可购买专业的社会化服务，上述运营费用、新技术投入费用、服务购买费用应列入交通委年度财政预算。另外，还可以多层次、多渠道进行经费筹集。

2) 加强通信保障建设

通信系统是信息系统、决策系统和执行系统有机协调运行的关键。应重点加强无线网络、专用有线电话、视频监测和跨部门调用的通信网络建设。

3) 加快交通行业数据中心建设

汇聚整合行业基础数据、监管数据、营运数据，加强源头采集质量管控，确保数据的权威性，实现数据在行业内的互联互通，为综合交通管理提供基础信息支撑；加强与交通运输部、长三角以及上海市公安、建管、环保等相关职能部门的数据交换与共享，发挥数据融合优势；强化大数据管理，推进交通信息资源向社会开放；积极尝试机房托管和虚拟化技术应用，实现信息技术应用的跨越发展。

4) 推进智慧出行移动应用建设

面对公众出行信息需求，择优与互联网企业深度合作，以移动终端为载体，提供涵盖公共交通、对外交通和道路交通的综合性、多层次信息服务，一方面实现交通动态、应急资讯等新闻类信息的推送，另一方面通过整合实时路况、实时公交、停车动态、航班和铁路动态等，为市民提供出行路径规划。

4. 应急物资专业化

应急物资专业化是指在突发事件发生后，能够及时有效地调用所需的各种必需品，这不仅要求物资储备充足，还要求物资需求的评估是准确的，物资调度和分发是有序的。通过对应急物资的实地调研，上海市交通行业应建立完善的应急物资储备体系，实现应急物资的合理配置，建议做到以下几点。

1) 合理选择应急物资的储备模式

合理选择各类物资的储备模式，在进行实物储备的同时，加强合同储备和生产能力储备。在进行合同储备和生产能力储备时，要充分考虑储备物资的性质。

2) 建立完善的应急物资管理体系

建立统一的应急物资管理平台，提高应急物资管理的信息化水平，使得委交通指挥中心能够掌握交通委、委属单位及企业等所储备应急物资的数量、种类和位置，以及应急物资的更新情况。通过应急物资管理平台，实现对应急物资的高效管理。

3) 定期开展物资检查，保障物资流通顺畅

为了确保物资流通顺畅，在应急物资的配置管理中需要做好以下两点：一是开展物资的定期检查工作，对于时效期内的物资要充分了解；二是做好物资信息的交流工作，在行业与企业内实现物资的横向流动，避免物资浪费。

4) 加强指挥中心的硬件设备配备

在现有应急资源的基础上，进一步整合各职能部门的应急资源，提升委交通

指挥中心的统筹和管理能力，同时通过购买服务的方式，引进高新技术，强化快速响应，提升辅助监测与决策的能力。

11.6 本章小结

交通安全应急中心是城市交通安全运营风险管理的核心机构，其功能定位、机构设置、规划布局等直接影响突发事件的事前预警、事中响应、事后处置等工作。本章根据上海市交通行业的实际情况，结合市交通委的组织结构与工作职责，探讨上海市交通安全应急中心的建设方案。具体通过资料搜集、座谈调研等方式，以委交通指挥中心为核心，协调委内外职能部门，调动各方社会应急资源，从组织结构、应急预案、考核评估和综合保障四个方面，对交通安全应急中心进行优化设计，旨在强化一个权威的应急机构，打造一套严格的管理流程，培养一支过硬的专业队伍，积极开展风险管理和安全保障方面的研究工作。

参考文献

[1] 姜宁. 基于风险耦合的交通安全应急管理系统研究[D]. 武汉: 武汉理工大学, 2011.
[2] 方艾芬, 方丽庄. 区域公路网交通安全应急指挥平台设计与实现[J]. 中国交通信息化, 2012, (2): 88-90.
[3] 晓声. 现代化的北京公安交通指挥中心[J]. 道路交通与安全, 2007, (2): 68.
[4] 王海峰, 孙立. 广州亚运智能交通综合信息平台系统研究[C]. 第四届中国智能交通年会, 青岛, 2009.
[5] 刘光武. 广州地铁安全预警与应急平台的研究与应用[J]. 现代城市轨道交通, 2011, (1): 18-22.
[6] 钟丽梅. 深圳市交通运输应急指挥平台建设方案研究[J]. 中国公共安全(学术版), 2009, (2): 38-42.
[7] 肖创奇. 深圳市道路交通突发事件应急管理体系研究[D]. 哈尔滨: 哈尔滨工业大学, 2014.
[8] 徐萌, 徐建闽, 林思. 交通运输应急指挥平台研究[C]. 第三届中国国际交通安全论坛, 北京, 2008.

附录 1　上海市邮轮航道航行风险因素调查问卷

问卷说明：此调查问卷旨在了解邮轮在上海市航道内航行的安全运营风险，梳理水上客运的主要风险因素及相关控制措施，参与者为水运安全监管的工程师、客运站主管、客运主任、相关船舶船上工作人员及其他人员，根据表格要求进行填写；如有问卷未涵盖事项，可在问卷末端的附加说明中填写。调查结果仅为本书研究所用，对填写问卷的人员资料绝对保密，感谢您的合作。

一、基本信息

联系邮箱：　　　　　　联系电话：　　　　　　姓名：

岗位：　　　　　　　　从业时间：____年　　　　单位：

二、风险因素统计

1. 下表已经列出可能导致邮轮在上海市航道内发生事故的部分风险因素，根据可能性、危害性或发生频率将其分为“重大、较大、一般、较小”四个级别，请在您认为正确的级别下方划“√”完成表格：

风险因素			具体描述	风险因素级别			
				重大	较大	一般	较小
人为因素	船员	船长业务、管理水平	受教育程度、认知能力低				
		责任心、安全意识	安全意识低				
		业务能力	受教育程度、认知能力低				
		语言沟通能力	与航运监管人员信息交流能力差				
		船员资质	持证上岗情况差				
		生理素质	疲劳驾驶、体力智力下降				
		工作经验	邮轮水上服务时间				
	航运监管人员	安全价值观	安全意识差				
		安全管理知识	安全管理知识差				
		日常值班管理	值班制度不合理				
		管理能力	监管能力差				

续表

风险因素			具体描述	风险因素级别			
				重大	较大	一般	较小
环境因素	气象条件	能见度	能见度低				
		风	风大				
		雾	雾况不良				
		潮汐	潮汐条件不适合进出港				
	航道交通情况	交通流密度	交通流量大，增大碰撞概率				
		碍航物分布	碍航物分布密集，增大碰撞概率				
		复杂航况或特殊交通点	增大碰撞概率				
		助航条件	条件差，增大事故概率				
		航道宽度	不适合船舶航行，增大事故概率				
船舶因素	静态指标	船型、吨位	船舶较大				
		船龄	船龄大				
		船舶应急设施(救生、消防)	应急设施不完善				
		船舶通信设施	通信设施不良				
	动态指标	船舶险情、违章及事故记录	有事故历史				
		船舶在黄浦江航道内滞留率	航道内船舶滞留情况				
管理因素	海事安全监管	VTS 使用效果	冒险航行				
		现场安全检查	安全检查疏忽				
		执法人员素质	职业素质低				
		护航助航有效性	助航效果良好				
	公司内部管理	应急反应制度	应急反应制度缺陷				
		船员管理	船员管理制度				
		特殊时段管理	台风、寒潮、渔汛、重大节日管理				

2. 请列出您认为导致邮轮在上海市航道内航行事故的其他风险因素：

三、风险因素控制对策调查

请列出您认为邮轮在上海市航道内航行风险因素的有效对策：

1) 人为因素

2) 环境因素

3) 船舶因素

4) 管理因素

附录 2　上海市邮轮航道安全评价指标评级表

目标层	准则层		重要性排序	指标层	评价等级				重要性排序
					优	良	中	差	
上海市邮轮航道安全运营风险指标体系	人为因素	船员		船长业务、管理水平					
				责任心、安全意识					
				业务能力					
				语言沟通能力					
				船员资质					
		航运监管人员		安全价值观					
				安全管理知识					
				日常值班管理					
				管理能力					
	环境因素	气象条件		能见度					
				风					
				雾					
				潮汐					
		航道交通情况		交通流密度					
				碍航物分布					
				复杂航况或特殊交通点(例如外高桥段)					
				助航条件					
				航道宽度					
	船舶因素	静态指标		船型、吨位					
				船龄					
				船舶应急设施(救生、消防)					
				船舶通信设施					
		动态指标		船舶险情、违章及事故记录					
				船舶在黄浦江航道内滞留率					

续表

目标层	准则层		重要性排序	指标层	评价等级				重要性排序
					优	良	中	差	
上海市邮轮航道安全运营风险指标体系	管理因素	海事安全监管		VTS 使用效果					
				现场安全检查					
				执法人员素质					
				护航助航有效性					
		公司内部管理		应急反应制度					
				船员管理					
				特殊时段管理(台风、寒潮、渔汛、重大节日)					
				旅客及货物安全管理(安全教育、行为监控、危险品管理)					

注：①对“指标层”列出的安全评价指标，根据上海市邮轮航道安全情况，在“评价等级”中相对应的评语划“√”选取；②对“准则层”评价因素和“指标层”列出的评价指标，根据实际情况用 1,2,3,…进行排序，重要性强者数字靠前。